投资哲学

Investment Philosophy

一本专为中国人定制的投资理财宝典，
轻松读懂投资理财学

从容预见未来大趋势，企业及个人投资必备

雷霆军◎著

台海出版社

图书在版编目(CIP)数据

投资哲学 / 雷霆军著. --北京:台海

出版社,2013.4

ISBN 978-7-5168-0132-1

Ⅰ.①投… Ⅱ.①雷… Ⅲ.①私人投资-基本知识

Ⅳ.①F830.59

中国版本图书馆 CIP 数据核字(2013)第 068218号

投资哲学

著　　者:雷霆军

责任编辑:姜　航

装帧设计:天下书装　　　　　版式设计:通联图文

责任校对:吴　康　　　　　　责任印制:蔡　旭

出版发行:台海出版社

地　址:北京市朝阳区劲松南路 1 号，邮政编码：100021

电　话:010-64041652(发行,邮购)

传　真:010-84045799(总编室)

网　址:www.taimeng.org.cn/thcbs/default.htm

E-mail:thcbs@126.com

经　销:全国各地新华书店

印　刷:北京高岭印刷有限公司

本书如有破损、缺页、装订错误,请与本社联系调换

开　本:710×1000　　1/16

字　数:160 千字　　　　　　印　张:15.5

版　次:2013 年 6 月第 1 版　　印　次:2013 年 6 月第 1 次印刷

书　号:ISBN 978-7-5168-0132-1

定　价:32.00 元

前　言

经济不景气，口袋里的钱也别闲着

曾经有网友讲过这样一个故事：

20世纪70年代，他们镇的首富，是他们班一个叫小秦的女孩，因为她有一位长居国外的外公，在过世后给她留下了一笔折合人民币两万元的遗产。

在那个时候，两万元无疑是一笔巨款。小秦成了他们学校有名的"富小姐"，大家看着她，都感觉十分羡慕，暗恨自己没有一个有钱的外公。小秦也为自己的富裕感到骄傲，但她仍然生活得十分节俭，那笔遗产也一直放在银行里没有动过。

后来，大家各奔东西，去各地上学、工作，渐渐都断了联系。对于小秦，只听说她去了一家商店做售货员。

多年过去了，有个发了财的同学举办了一次同学会。聚会那天，有人开着奔驰、别克出现了，还有人是从香港、澳大利亚飞来的，很多同学都过得非常不错。反而是小秦，她生活得一点都不好，张口就跟老同学诉苦："我现在下岗了，日子越过越难。银行里的两万存款我一直没敢动，虽然有点利息，可现在的物价涨得太快了……"听了小秦的话，大家纷纷感慨："现在就算有二十万，也没有当年的两万值钱啊！"

我们绝大多数人，都不曾有过一个富裕的亲戚，但也能感觉到"钱越来越不值钱了"。这一方面是由于通货膨胀，另一方面也是一种社会

1

发展的必然。在过去自行车也算"三大件"的时候,月薪100块就算大款了。可现在呢?月薪1万都不敢自称有钱。

时代在变化,社会在进步,特别是在如今经济不算十分景气的状况下,我们必须扭转旧观念,不断地学习和进步。在这样一个"全民理财"、"全民投资"的时代,银行已经不再是金钱的最终归处,因为银行利息的浮动终究赶不上货币价值的变化。

钱不能存在银行,那该去往哪里呢?去投资。

钱如果不流动起来,不被花掉,不拿去创造更多的钱,那钱其实就只是花花绿绿的纸片。我们如果还抱着旧观念,永远让钱躺在银行里,睡在抽屉里,那结局很可能就是下一个"小秦"。只有通过投资,把"死钱"变成"活钱",我们才能越过越富,而不是越过越穷。

"你不理财,财不理你",投资理财是绝佳的赚钱手段。攒钱是为了留住钱,投资是为了钱生钱。"股神"沃伦·巴菲特是当今全球巨富之一,他的财富就来源于对股票的投资。他年幼的时候,也像其他美国小孩一样靠送报纸赚零花钱,可是,他比其他孩子更明白金钱的未来价值。他也攒钱,可是他攒了钱并不是拿去花掉,而是在未来投入股市中,让400元变成4000元、40000元。

我们现在身处网络时代,每天都会接触到很多投资理财方面的信息。不少人一边被报纸上那些投资者的致富信息刺激得蠢蠢欲动,一边又担心投资市场的水太深,怕赚不到钱,反而把自己的老本赔进去。

这样的担心其实大可不必。进入21世纪,我国的投资市场发展已经越来越完善,投资者可以选择的投资产品也越来越多。无论是哪个年龄段、哪种性格、哪种等级的投资者,都可以找到最适合自己的投资产品,构建将自己引向财富的投资组合。

对于年轻人来说,可以选择一些风险中等、盈利能力较强的投资产品,及早为日后成家生子作准备;事业顺利、家庭美满的中年人,可以适度组合一些风险较高的投资产品,在不影响当前生活的基础上,为自己晚年的安乐增加砝码;至于老年人,也可以选择低风险的投资产品,给

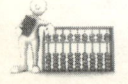

子孙后代留下更多的财富。

投资其实并没有我们想的那么困难，也不需要我们学习太多太专业的知识。拥有汽车制造厂的老板不一定会开机床，能成功获取财富的投资者也不一定非要明白所有复杂的经济学理论。我们可以借助银行、基金公司等金融机构，借助理财经理、股票经纪人的手来进行投资。我们掌握投资的哲学，指明方向；他们掌握投资的技术，给我们建议，帮我们实施。这就是金融市场不断向前发展的意义所在。

我国的经济一直在动荡中向前发展。但在任何时候，尤其是不景气的时候，更不应该让我们口袋里的钱变成废纸，而要让它们通过投资，变成更多的财富。

所以，我们一定要端正心态，打起精神，积极学习投资的哲学，牢牢掌握最基本也最重要的投资道理。从今天开始，把自己武装起来，变身为笑傲市场的成功投资者吧！

Contents
『目 录』

第一章

投资不是富人的专利

没钱也能做投资吗

曾经，投资和理财听起来只是有钱人的事，对于为生活奔波的一般人来说，连"财"和"资"都没有，何来投资理财之说？当然，随着时代的发展，我们都意识到了这种想法是错误的。

正所谓"你不理财，财不理你"。越是需要钱的人，越是应该学习如何理财投资。如果什么都不做，我们就只能一直穷下去。投资并不是有钱人的专利，没钱也能做投资，并且通过投资手段获得令我们满意的财富。

"投资"是让我们从"没钱"变成"有钱"。假设我们身上只有1万元，如果我们不进行合理的分配，那么就算我们用得再省，1万元也有被花光的一天。就算我们把这1万元存起来，那么几年之后，它仍然是1万元，顶多能生出一点利息，但谁也保证不了这点微薄的利息能弥补通货膨胀的损失。

投资哲学
Investment philosophy

所以,越是没钱的人越讲究"攒"和"省",讲究"节流";而有钱的人不仅重视"节流",更加看重"开源",通过投资,把手中的"死钱"变成"活钱",让钱不断生钱,为自己的资产保值、增值。

每一个人都可以成为合格的投资者,只要我们愿意投资,拥有投资理念,懂得如何投资,不管钱多钱少,投资都可以从我们的"第一笔收入、第一份薪金"开始。

李江是一个公司职员,27岁,毕业已经三年多了,与女友也相恋多年。随着年龄的增长,他们到了谈婚论嫁的时候。

当他向女友提出想要尽快结婚的时候,女友只是无奈地摇了摇头说:"我们连房子都没有,结婚后住哪啊?"

李江沉默了,其实他一直在存房子的首付钱,只是目前还没有凑够。他没有料到,他憧憬的幸福生活终有一天还是败在"钱"上面。女友说,结婚可以没有车子,但是房子是一定要有的。

他的收入并不高,对理财也没有概念,只是知道省钱、攒钱。有很长一段时间,他没有为自己买过一件新衣服,也从来不坐出租车,平时出门都是随手关灯,没有一丁点的浪费。可是即使是这样委屈地过日子,能省出来的钱还是微乎其微。

经过一段时间的思考和反省,李江终于认识到,要想买得起房,光靠"节流"是不行的,还必须要"开源"。

正好这时有一位大学同学准备开一家餐饮店,想找一个合伙人入股。李江认真考虑之后决定入股。虽然资金不是很多,同学还是决定接受他的入股。

经过共同的努力和用心经营,餐饮店的生意一天比一天红火起来。李江的生活也开始发生了变化,房子首付的钱很快就攒够了,日子也越过越好了。

不同年龄段的投资者要注意选择不同的投资产品,因为每个人的

存款状况和经济状况都有所不同。对于初入职场、较为拮据的年轻投资者而言，自己的存款比较少，进行投资时就要格外谨慎。要树立正确的投资观念，记住投资不是为了"赚大钱"，而是为了让我们未来的生活更加有保障。如果我们有1万元，那我们就要想办法让它生成更多的1万元。

有的年轻人，每天只知道勤奋努力地工作，辛辛苦苦地存钱，却没有明确的存钱目的。资金积累起来之后，既不合理利用，也不拿去消费，只是牢牢攥在手心里，过着贫苦的日子。有的投资者，带着赌徒心理进入投资市场，一味"以小搏大"，完全不考虑自己的实际能力，把投资目标定得很高，却因为投资失误搞得血本无归，让自己陷入更加困窘的境地。

要想生活变得越来越好，投资者就要对自己的资产水平和投资能力做到心中有数。没钱也能做投资，这并不是打肿脸充胖子，我们不需要像投资大亨一样出手就是几十万，就算手上只有三五百元，也足够在银行开设一个活期账户，同时再开通网上银行，就可以方便地加入基金投资一族的行列了。

当我们手上有超过1000元的人民币时，就可以购买中短期纯债基金了。中短期纯债基金的优势是起点低，收益率高于定期存款，也高于货币市场基金。所以，投资者手中有闲钱时，不妨购买一点。

除了金钱以外，投资者还可以做一些其他方面的投资。

比如：当别人把大量的精力花费在奢侈品享受、四处游玩上的时候，我们可以拒绝外界的诱惑，下苦功夫学好一门外语，精通之后，可以从事专职翻译或外语教师之类收入不菲的职业；就算学的不算精通也没关系，只要能达到流畅程度，我们就可以把它作为职业的辅助，或者去外企找个工作，也一样能提高自己的收入。中文也是一样，每天学点诗词古文，提高自己的文学素养，同样会有类似的回报。如果投资者不喜欢学习语言，也可以去学一门专业的技术。如果用股票来作比喻的话，知识就是一支潜力股，值得你做长线投资，如果能坚持下去，回报自然不菲。

不要低估微薄小钱的聚敛能力

如果我们能每天从自己的花销里面省下5块钱,10年下来我们就会在不知不觉中为自己省下18000多元,那么20年、30年呢?华尔街有一句谚语:"只要长期坚持,每月100元的投入,35年后的收益有望超过100万元。"不要忽视小钱的力量,懂得积累、运用小钱的力量,时间一长,其效果也会惊人。

从前有一个美国人,他在刚开始工作、收入极其微薄的时候就开始对自己的生活花费做出规划和自我约束了。他把收入的至少一半都存起来,即使是1美元也要存50分。而且为了提高储蓄率,他和他的妻子都成了捡便宜货的高手。他们所买的东西,一定是物超所值的,例如以5美元的价格买到原价200美元的沙发床。

这使他们夫妇俩不仅在经济大萧条时期有足够的储蓄应付生活所需,更靠着这些早年存下来的钱,开设了一家投资顾问公司,后来发展成拥有6000亿美元资金、规模宏大的基金公司。

这个人就是著名的"20世纪最伟大操盘手"约翰·坦伯顿。在他的眼里,不管是一栋房子、一套家具,还是一支股票、一张债券,他的观念一直是"永远找便宜货"。

很多投资者都是初入职场、收入不高的年轻人,从薪水中扣除个人固定开支之后所剩无几,但是即便如此,我们也不能忽视自己手上那些小钱的力量。只要运用得当,再微不足道的力量都有可能"聚沙成塔"。

"中国有十三亿人口,如果每人给我一块钱,我就是拥有十三亿的大富豪了。"虽然这只是句玩笑话,但也足以说明积少可以成多的道理。

小钱的力量不可忽视,就像零碎的时间那样,要懂得充分运用。

有一位生活拮据的农民,正值壮年,有人问他为什么不出去打工挣钱,他回答说:"一天才挣几十块钱,太少了,谁去啊? 我要挣就要去挣大钱!"结果,日子过了一天又一天、一年又一年,这位农民始终没有找到挣大钱的门路,生活也越来越贫困。他的邻居原本跟他一样贫困,但是观念却和他完全不同。那位邻居考虑到自己已经四五十岁了,文化水平又低,再去学技术的可能性也不大了,就骑着自行车,去走村串户给人磨菜刀,虽然磨一把菜刀只能挣几毛钱,但是时间一长、日积月累,几年下来也小有积蓄,生活也过得有滋有味。

台北市某家公司的福利委员会有一次发给公司每个员工一张价值五十元的咖啡券。收到这张咖啡券,很多人觉得只是区区五十元,根本不想拿,但既然是公司发的,不拿又说不过去,有的随手转送给其他同事,有的随意就丢掉了,而有一个人,他从不喝咖啡,于是用自己的五十元咖啡券去跟别人折了三十五元现金。

看到这里,大家或许会认为这位先生一定很缺钱,事实上,他一秒钟在股市进出几千万元,住着让很多人美慕的豪宅。这三十五元相对于对他的身价来说,实在是微不足道。但他从不乱花一分钱,他虽然能快速赚大钱,却连一张小小的咖啡券也不放过,因为他知道,他可以拿三十五元去投资,从而创造更大的价值。

"不积跬步,无以至千里;不积小流,无以成江海。"致富的手段有很多,但投资者如果做事眼高手低,看不上小钱小利,眼睛只盯在大钱上,那结果往往是大钱没挣着,最后连小钱也丢了。只有从点滴做起,重视每一分小钱,我们才能更有机会实现挣大钱的目标。

俗话说:"吃不穷,穿不穷,不会算计一世穷。"成千上万的财富,也是靠一点一滴的小钱积累起来的。投资者想成为一个有钱人,先要学会算计自己的小钱。小钱不想赚，大钱就更赚不来了。"三分利吃饱饭，七分利饿死人"，说的就是这个道理。

不是只有拥有上百万的资产才可以投资赚钱，"没有钱"或者是"钱太少"等原因都不是投资的障碍，赚钱是一个循序渐进的过程。手里只有一两千块钱也可以从小生意做起，只要选对方向、用心经营，赚到的钱积少成多，若干年后，我们一定可以达成自己的财富梦想。

任何时候都别忘了储蓄

"等我有钱了就把它存起来"，这是许多投资者的口头禅，大家都抱着这种"等有了剩余再去储蓄"的想法。大部分的人都搞不清自己钱包里有多少钱，因为"反正也不多"。可就是这样粗心大意的理财习惯，才导致我们总是随意花钱。

想要生活得更好，"开源"和"节流"必须两手抓两手都要硬，"节流"是"开源"的保障。要想更好地保存我们手上的资金，储蓄便是聪明投资者的选择。

汉斯·雅格比是澳大利亚的理财教育家，他的父亲并不出名，但是他却一直以自己父亲的理财观念为骄傲，并喜欢用父亲的事例来教育自己的学生。

雅格比的父亲在14岁时就离开了学校。通过在现实社会中的摸爬滚打和当地成功商人的指导，他学到了许多东西。二战结束后，他定居奥地利，并在当地开始了自己的生意。

两年后，由于种种原因，雅格比的父亲无家可归。在政府的资助下，他踏上了去往澳大利亚的旅程。那个时候，他不会说英语，而且口袋里

仅仅剩下两澳元。他被分在一家采石厂工作,但他不甘心一辈子都待在采石厂。

一有时间,他就会去悉尼卖一些小东西。尽管这样做的收入很少,但是他用这些钱采购更多货物去卖。一次偶然的机会,他从跟他一样的移民的交谈中了解到,他们都希望能有供他们阅读的东西。雅格比的父亲抓住这个机会,用他平时卖东西攒下的钱,做起了进口图书和杂志的生意,后来,他还出版了一份德语报纸。这些都为他后来从事其他经营积累了前期的经验和财富。他的父亲凭借着敏锐的商业嗅觉和令人敬畏的坚定信念,尽管起步非常低微,但最终成为了百万富翁。

雅格比告诉我们:"你目前所处的环境并不重要,离你梦想实现的距离也不重要,同样,你自身的条件也不重要。如果你选择突破,那么种种障碍都能成为成功的机遇。"

假如一个投资者是月薪3000元的上班族,从25岁开始工作,在65岁退休。先假设这些钱这个投资者都可以一分不花,老老实实存进银行,40年后他就可以存到144万元的本金,再加上利息,大概可以得到170万元,如果懂得购买一些理财产品,平均回报率是8%的话,那么到退休的时候他的财富就会超过1000万元。当然,如果这些钱进行的是有效的利润投资,那么平均回报率应该在15%左右,到这个投资者退休时,他的身家将临近一个亿。

要把所有的钱都攒下来肯定是不现实的,但只要我们有计划,在身上的资金达到一定数额时就定时定额地储蓄,并且坚持下来,那么就可以为自己的投资积累足够的资金。

每个投资者都应该有储蓄的远见,不要让自己成为"月光"一族。储蓄能让我们在应对紧急情况时镇定自若,万一遭受巨大损失,也可以东山再起。

对于很多年轻的投资者而言,要抵挡品牌衣服、化妆品等奢侈品的诱惑实在是十分艰难。而且,我们进行投资的目的就是为了更好地生活，如果为了做投资而影响了我们的生活质量，就是本末倒置了。

为了能够一边享受生活一边保持收支平衡，投资者要合理规划自己的薪水。

在领到工资之后，把它分为三份，从其中拿出一份来，作为每个月的固定储蓄，也是将来的发展基金；第二份则用来支付每个月的生活费，如房租、电费、柴米油盐等；最后的一份，可以用来去做我们想要做的事，比如买一件漂亮的衣服，或者去旅游。但是投资者一定要记住：用来储蓄的钱，是我们为投资所积蓄的资金，不能轻易动用；生活费用是我们维持生活的必须保障，也是万万不可以挪用的；至于剩下的那份用来消遣的钱，也最好不要一下子就花掉，不然我们在这一个月内便什么都干不成了。

当然，不同的投资者情况不同，有的人工资不多，三分之一根本不足以维持生活所需。这样的投资者，可以把收入按照其他比例来分，不管怎么分，储蓄一定要占一部分，只有有了储蓄，投资者才有改善现状的可能。

当一个人开始有规律地储蓄，代表他懂得了金钱的价值，开始对自己的人生有了更好的规划。随着经验的累积与职务的调整，我们的薪资水平也会有所提高，再加上适度的投资与理财，只要投资者懂得妥善经营，薪水致富绝非遥不可及！

学着利用复利的价值

复利就是人们常说的"利生利"，也就是把原有的投资挣回来的盈利转换为投资本金，再通过这些本金继续为自己盈利。复利的威力是惊人的，成功的投资者一定是懂得充分利用复利的效应来赚钱的。

第一章
投资不是富人的专利

复利这个词，把时间与金钱画上了等号。假设每年投资1000元，年收益率是5%，10年后连本带息就是13206.79元。假如每年投资500元，坚持20年，年收益率仍是5%，20年后连本带息可获17359.63元。本金同样都是10000元，不同年限也会有差别，这就是时间的威力。

曼哈顿是位于美国纽约市中心的一个小岛，更是纽约金融、商业中心地。华尔街、百老汇、帝国大厦、联合国总部、大都会艺术博物馆、歌剧院等名胜都集中在此。曼哈顿被称为是"世界上最富裕的岛屿"。2000年1月1日，曼哈顿岛的总价值已经超过了2.5万亿美元。

然而，在1626年，荷兰人亨利·哈德逊从印第安人手中买下这座小岛时，只花了大约24美元。

不少人感叹："仅仅用24美元就买下了曼哈顿，这真是一个奇迹！"但是如果按复利的计算方式来算这笔账，我们会发现，这其实是一个亏本的买卖。假设当时的印第安人拿着这24美元去做投资，按照美国近70年股市的平均投资收益率11%来计算，历经300多年，这24美元就可以变成将近24万亿美元，几乎是其现在价值的10万倍。

爱因斯坦说过"宇宙间最大的能量是复利，世界的第八大奇迹是复利"。即使是一个很小的基数，只要有所增长，随着时间的推移，也一样可以积累可观的财富。而这种财富的积累却无需投资者做出任何辛苦的努力。投资的时间价值给你的资本带来增值的过程，是财富自动创造财富的过程。

很多投资者不是不明白利用复利可以赚钱的道理，只是他们总是禁不住一些外界干扰因素的诱惑，不能够坚守长期投资，在投资市场上频进频出。这样，不仅没有获得本该有的收益，甚至可能会损失惨重。

"成功在于坚持，理财在于习惯。"只要投资者坚定信心、坚持长期持有就能分享到复利效应，实现资产的倍增。复利的基本要求之一就是把每一分赢利都转换为投资本金。如果一有盈利就用来消费，那么在亏损的时候就不得不缩减本金，这样是永远也无法积累财富的。

复利可以帮我们赚更多的钱，但是复利有时也会暗藏"杀机"。如果

每年都有一定的正收益，"雪球"自然会越滚越大。然而在现实中，长期投资难免会遇到一些难以预测的意外，即使像是存银行、买国债这种看似不会有风险的投资，如果出现通货膨胀，也有可能会成为负收益，更不用说像基金、股票之类风险较大的投资了。

假设有本金1万元的投资，每年稳定获取10%的收益，10年后连本带利就可得到25937.42元。同样是1万元投资10年，如果前9年每年的收益率是15%，但最后1年因失误损失30%，那这10年间连本带利共获得的是24625.13元。

可见投资损失对于复利的影响是巨大的。就像那句标语写的："股市有风险，投资须谨慎。"因为稍不慎就有可能落得"辛辛苦苦数十年，一朝回到解放前"的境地。

暴利并不是富裕的必要条件，一切超凡的报酬率都不可能持续。古人所讲的"利害论"，就是告诫我们：利有多大，害就有多深。在你轻松获得50%的赢利时也有可能莫名其妙亏损掉50%，稳重、保守、持续、适当的长年报酬率才是真正的成功之道，切记不要急功近利。

要想更好地利用复利的价值，就要有良好的风险把控。"恒定"两个字绝对不属于投资市场，投资市场可以说是瞬息万变的。所以，当你期待获得如同过山车上升般的收益时，要先做好承受骤降所带来的巨大损失的准备。

投资机会无处不在

近期投资市场并不景气，不少人感叹："钱越来越难赚了！"把钱存到银行，遇到通货膨胀，即使利息上调也挺亏的。股票市场又形势不明，不少投资者开始茫然了。除了股票、基金，还有什么可以投资的呢？

第一章
投资不是富人的专利

卓越的股票投资家和证券投资基金经理彼得·林奇曾说："从室内到户外,从学校到购物中心,到处可见上市公司。无论衣、食、住、行,还是居家、公务用的产品,几乎都有上市公司生产;而从出品香水到制造小刀,抑或生产澡盆或热狗的上市公司,你都可以自由拥有其股权。"投资机会时时处处存在。只要我们把眼光放长远一点、开阔一点,身边还是充满投资机会的。

在香港颇有知名度的理财顾问公司——东骥基金管理公司,创立于1990年。其创始人庞宝林也是香港投资界的名人。"投资眼光别具一格,往往有惊人之举。"这是业内人士对他的评价。

1989年6月,香港股市暴跌,不少人都蒙受了巨大的损失。但是庞宝林管理的基金却在5月份就已经"清仓离场"了,这使他不仅避开了这场"巨大浩劫",还捡到很多便宜货。1997年亚洲金融风暴来袭前夕,他的基金提前调整又让他大赚一笔。

2003年年初,非典席卷香港,使得香港的股市、楼市大跌,不少投资者都是信心低迷。庞宝林却告诉朋友可以大量买进股票,不用犹豫。果不其然,在那之后,恒生指数涨幅超过60%。

庞宝林认为,处处都有投资机会,只看人们如何把握。对于买房,他偏爱黄金地段房产,用越南盾回避高利率;作为企业领导人,他还投了专为管理人员设计的保险;现在,他正看好升值背景下的内地股市。庞宝林还是个会生活的人,娱乐的时候,他仍然没忘小赚一笔。各种形式的高尔夫俱乐部、游艇会的会籍在他的手中都有,他把这些会籍以市价转让,从差价中就小赚一笔。

投资机会无处不在,只在于投资者能不能发现。当我们发现在超市中买一袋面比以前贵了两块钱时,应该关注一下农产品的价格走势;如果我们得知我们所在的城市又开通了几条新的地铁线路时,就应该抽点儿时间关注一下附近楼盘的售价情况;当我们在整理房间的过程中发现尘封已久的邮票或纪念币时，就应该找机会咨询一下它们现在的价位。能够作到这些事情的人现在不一定富裕，但未来一定是富豪，因为这样的投资者是一个积极的投资者，是一个善于发现投资机会的人。

他原本只是个卖花的小贩，每天守在花摊旁，为花浇浇水、施施肥，跟客人讨价还价，忙得不亦乐乎。每个月能赚到2000多元，勉强维持生活。

一天早上，一位顾客一下子就向他购买了上百盆花。对他来说，这可是前所未有的大生意，他非常不解地问买花的人："您一下子买这么多花，有什么特别的用处吗？"顾客告诉他："我买这些花是想要种到我家楼顶上，这样可以起到隔热的作用，还可以让周围的空气变得清新。"

顾客走后，他不禁陷入沉思。现在城市的发展日新月异，到处高楼林立，绿化却没有跟上。他所在的城市光照时间长，一到夏天阳光就很强烈，住在顶楼的人一到晴天就如身在蒸笼中一般。在楼顶种花，的确是个好主意。

经过一番思想斗争，他决定无论如何都要把握好这个机会。他把花摊交给亲戚看管，开始准备起楼顶种花的业务。开始的时候他四处碰壁，两个星期过去了，依然一无所获。但他没有放弃，他坚信这一定会是一个巨大的商机。

终于，功夫不负有心人，在一栋没有隔热层的大楼里，一位老大爷说可以考虑他的建议，让他在自己家的楼顶种花。他选了一些价格比较低廉、喜阳的花草，经过两天的忙碌，终于把这些花草种到了楼顶上。

当太阳火辣辣地烤着大楼时，老先生的家里的确比以前凉爽多了。老先生很高兴地说："这些花草比隔热层还管用呢！"就这样他为自己的创意赚到了第一笔钱，对自己也更有信心了。在那之后的一个月里，他就赚了7000多元，比原来只卖花时的收入翻了几番。

之后，他的生意越来越好。更多的人知道了"楼顶花园"这项服务，他赚的钱也越来越多了。

生活中有很多这样的商机,只是由于我们太过粗心没有发现而已。只要投资者善于观察生活,到处都是商机!

美国人弗雷德·史密斯凭着"隔夜传递"这一想法,被投资家看中,创办了"联邦快递"。法国人贝利创立了一家"历史报纸档案公司",把旧报纸当成礼品,卖给出生日期与报纸出版日期相同的人,这一独特的想法改变了旧报纸的命运。如今,贝利每年可卖出25万份旧报纸。马利特推出可回收的消毒奶瓶,产品一上市便大受欢迎,仅英国和美国两地,年销售量就超过400万个。

要做一个善于发现投资机会的人,就要不断学习投资知识、吸取投资信息,形成自己的判断力。随着资本货币化的趋势越来越明显、投资渠道越来越多,投资者要善于发现投资机会,更要以积极的态度面对投资。以积极的态度面对投资,才能拥有更高的"财商",在社会中也会有更持久的竞争力。

投资是一种生活方式

很多人都认为:投资是一项庞杂、系统的工程。其实,投资并不像人们所想的那样复杂。只要掌握了正确的方法,我们会发现:"原来投资是这么简单的一件事啊。"

投资理财是人生中必不可少的一门功课,也是一种生活方式,就像人们吃饭穿衣一样平常、简单。随着中国经济的成长,可供人们选择的投资产品越来越丰富,"投资理财"已经成为了一种时尚。把投资想得太复杂的人,往往是因为太急功近利,想要一夜暴富,最终只会适得其反。

当投资成了生活方式,也就成了生命的一部分,如同呼吸一样自然,不会有人感觉它是十分复杂的。

姜磊是一个参加工作三年的普通的公司职员,工资收入算是中低水平。但是,相对于其他同事来说,他的生活质量却比别人都高。究其原因,是姜磊这些年来一直用自己省下来的钱去购买小额的基金和国债,再加上长期的坚持,获利颇丰。

当同事都非常羡慕地向他请教"致富绝招"时,他总是微笑着告诉他们一句话:让投资理财成为一种习惯。

虽然近年来股票市场风云变幻、大起大跌,但是姜磊所选购的基金和国债总体上都保持在正盈利的状态。经过长期的坚持,姜磊把手中的闲钱不断地投资到基金和国债当中,渐渐形成了一种习惯。就这样,他一边认真努力工作挣薪水,一边还可以轻松地利用自己手中的国债和基金赚钱。

姜磊说:"其实赚钱一点儿都不难,我的工资不多,又没有时间和精力去炒股票。所以我就选择了既可以轻松盈利又没有太大风险的投资方式。"

对于工薪阶层的投资者来说,我们或许没有时间去研究股票的规律,更不懂得何时是高处、何时是低谷。但同时,我们也完全没有必要过分关注股市的涨跌。投资者可以选择一种简单、稳妥的投资方式,并把它当作一种习惯。

美国学者托马斯·史丹利对世界上近万名百万富翁的调查结果显示:84%的富翁是从储蓄和省钱开始的,70%每周工作之余会抽时间进行理财规划和合理的资产配置。这些富翁一年的生活花费占总财产的7%以下,即使没有工作收入,坐吃山空,平均也能撑过12年。百万富翁都懂得花费时间进行理财规划,工薪族有什么理由不抽出时间来合理规划自己有限的财产呢?想要致富,就一定要挤出时间,尽早培养理财习惯。

美国的投资大师麦基尔也认为：投资是一种生活方式，也是一种生活的艺术。他可以从投资中获得生活的乐趣。

对于资金不是很多的投资者来说，他们并不是不想进行投资。收入不高，没有足够的积蓄去投资房地产；虽然有心通过定期存款来获取利息，却又担心手上的资金流动性不足；想要投资股票，又没有那么多的专业知识和经历，想来想去，与其让自己辛辛苦苦赚来的钱随着通货膨胀慢慢贬值，还不如把钱花在当下——今朝有酒今朝醉。结果又为"月光族"增加了新成员。

其实，投资者完全不必这么悲观。收入再少，一个月三五百还是能抽出来的吧。对于很多人来说，少去一次同学聚会、戒掉烟酒或者是少买一双皮鞋，这点儿钱也就轻轻松松省下来了。说到这里，有的投资者就要问了：这么一点钱能做什么？

很多人都觉得：现在物价这么高，有三五百块钱还不够买两件衣服，更遑论要去做投资。事实上，这点钱确实可以用来投资了。基金定投就是一种门槛比较低的投资方式，一般一个月只需要100-300元就可以了，而且基金定投比较容易执行又确实有效。

所以说，即使投资者现在收入不高，也一样可以培养自己的投资习惯，一旦投资成为了一种生活习惯，就会成为一件轻松愉快的事情，财富也会在愉悦的习惯中增值和膨胀。把投资变为一种生活方式，每个月留下一部分资金用来投资。如果能长期坚持，收益也是惊人的。

习惯可以改变一个人的命运。还有很多人对金融投资完全不感兴趣，宁愿把工资以活期储蓄的方式存入银行，也不愿意涉足股票、基金、债券或其他的理财产品，长此以往，必定会造成资产的贬值。为了防止我们辛辛苦苦挣来的钱白白流失，就必须开拓自己的投资渠道，培养投资的习惯。

让投资成为一种生活方式，习惯会逐渐成为自然。当投资的习惯完全融入到我们的生活，就如同维持生命的呼吸一般，成为一种不用特别去做就很自然的行为，那么这种力量就可以起到"滴水穿石"的效果。

一边存资金，一边存知识

　　人们常说："知识能创造金钱，知识能创造财富。"投资者想要通过投资的成功走向致富，不仅需要从日常的生活中持之以恒地积累小额资金，更要努力学习知识、技术，丰富自己的头脑。因为只有不断地汲取知识，才能增长自己的才智，进而更好地把握市场的动态，降低投资的风险、增长投资的信心。

　　彼得·德鲁克是美国现代管理学家，他曾经预言："知识将成为真正的资本和首要财富。"事实上，他的预言早已成为现实，当今的世界，已经是知识经济的时代，经济的增长更直接地取决于对知识资本的投资和知识资本的运作，知识成为了资本。

　　积累资金很重要，但是积累知识，拥有一份赚钱的技能更加重要。

　　李勤最大的爱好就是收集各式各样的东西。小到糖纸、火柴盒，大到每年的挂历、小人书，都是他搜集的目标。李勤把自己的收藏品当做宝贝一般，很用心地保证它们的完整性。

　　由于李勤收藏的东西既丰富多彩又年代久远，很快就引起了收藏专家们的高度关注。一时间，有很多人要出高价购买李勤手中的藏品。

　　李勤没想到，自己的爱好有一天竟然也可以帮自己赚钱。有一次，李勤的父母看中了县城里的一座楼盘，却没有足够的资金买下那里的一套房子。李勤想到自己手中的藏品，就从中转卖了一部分，替父母凑足了房款和装修的钱，让父母高高兴兴地搬进了新居。

　　李勤并没有间断自己的收藏，还扩大了自己的收藏范围，在和买家和其他收藏爱好者的交流中，李勤积累了不少的收藏知识，他的收藏也开始变得有针对性，不再像以前那样盲目了。

现在，李勤每天都沉浸在收藏的快乐中，并且通过对藏品的进一步熟悉和了解，进行藏品买卖，为自己赚到了不少钱。

近年来，知识就像产品一样频繁更新换代，以大约每3年增加一倍的速度向上提升，老知识很快过时。"知识创造财富"已不仅仅是一个口号，在知识经济时代，这就是不容颠覆的真理。只有不断地学习、储存知识，我们才能在竞争激烈的今天拥有自己的一席之地。

投资者想要赚钱，更要不断获得更多投资资讯、扩大学习范围。要告别贫困，成为有钱人，我们不一定要智商过人，才高八斗，但是一定要掌握投资理财的技能。只有这样，我们才能有效地利用自己身边有限的资源，将其转化成看得见摸得着的财富，化腐朽为神奇。

当今社会，投资理财品种繁多，如：股票、基金、期货、保险、外汇、房地产、银行存贷款、黄金、收藏品，等等。想要投资，就必须先了解各个理财产品的特点，如存款收益率低，但风险小；股票收益率高，但是风险也大。对于这些投资理财的项目，投资者不必样样精通，但是必须选择其中的几种，深入了解。

有一家证券公司的经理人曾经介绍说：2006年和2007年这两年新入市的股民比往年都多，主要原因无非是看到别人炒股挣了不少钱，也想来分一杯羹，因此不顾自己连对股市的基本常识都不了解就盲目进入。在炒股的时候更是盲目跟风，结果很多人亏得血本无归。

老张是一位散户股民，从2007年开始炒股，当时也是看到身边有人靠股票发财，因此抱着试一试的心态进入股市，在开始的几个月还赚了一些钱，但到10月15日沪指突破6000点为止，他的成绩就跟着大盘一路下跌，到2008年3月，他已经赔光了全部的积蓄，还欠下了十万元的债务。事后有人问他，这些钱都亏在哪儿了，他却懵懵懂懂，自己也说不清楚，只知道抱怨运气。当被问及一些基本的投资知识时，他也是一问三不知。

　　财经专业出身的苏满,参加工作后,依靠自己在学校里学到的丰富专业知识,再加上对当前形势的理性分析,利用自己手中的闲散资金,在股市中如鱼得水,游刃有余。不管这几年股票如何大涨大跌,他依靠自己丰富的股票知识、越来越强的炒股技能和不贪婪的个性,在这短短的几年为自己赚了不少钱。

　　同样都是炒股,却是有赔有赚,只有不断丰富自己的专业知识、提高专业技能,掌握好一门"财技",才能保证自己在投资上不吃大亏。盲目跟风现象的最主要原因就是投资者的专业知识不足,没有能力去分析判断市场的变化,只好人云亦云,跟随别人的步伐了。

　　所以,我们在积累投资资金的同时,一定不要忘了学好一门赚钱的技能,以提高我们投资的成功率。

第二章

保证资金安全,投资要赚钱而不是赔钱

投资的第一原则:先保本,后获利

投资,资本是最重要的。高风险的确会带来高收益,但是投资者绝对不能冒过大的风险,无论如何都要保本为先,这是投资的大原则。巴菲特有句最重要的投资名言:"成功的秘诀有三条:第一,尽量避免风险,保住本金;第二,尽量避免风险,保住本金;第三,坚决牢记第一、二条。"

投资者在投资前,要了解投资产品的特点以及自身风险承受能力,选择适合自己的产品,本着投资先保本的理念,获取收益方成为可能。

曾经有一位股市老手,在20世纪90年代和前两年的股市风暴中都做到了全身而退,在别人问起他的投资经验的时候,他总是告诉他人:"我在买股票的时候首先不去想会赚多少钱,而是先保证自己不亏钱,而当

我真的做到不亏钱的时候,往往就能发现自己其实是赚钱了。"

这位投资前辈在涉足股市以来一直坚持着谨慎和独立思考的原则,甚至为此错过了很多机会,但他也从不懊悔。他坚持在买入之前就考察好股票存在的风险,他认为对股市中风险的了解就应从进入的时候开始,只有这样才不至于以后被动。而一旦他认为一只股票的风险过大,无论它有多么诱人,都会选择果断放弃。他总结自己的行动就是:"走一步,看三步,之前慢出手,持有后就坚持。行情好的时候多持有一会儿,不好的时候就立即清仓。"

"不亏钱的时候就是在赚钱",这话一语道破了天机。我们带着钱进投资市场想赚大钱,往往会先遭遇赔钱"交学费"的情况。如果不计风险,一味贪图高收益,那结果必然是输得连入市的本钱都没了。

当然,投资市场中的稳妥并不等于过度保守,畏畏缩缩。在保住本金的基础上,我们自然可以冷静地分析市场,做一些高风险投资。

徐泰洙是韩国某消费信贷公司的总裁,掌管着数百亿韩元的流动。他在放贷、从中抽取利息的过程中,明白了一件重要的事情,那就是"如何保住本钱"比"如何收回利息"更重要,抵押物品不能成为保住本钱的保证。

徐先生从军队退役之后到日本积累工作经验,发现当时的日本到处都是消费信贷的广告,ACOM、PROMISE等知名消费信贷公司的自动交易店铺在日本地铁站附近随处可见。于是他想:"总有一天,韩国公民对于消费信贷企业的否定性认识会有所改变,消费信贷产业一定会成为朝阳产业。"他决定先在日本试一试。

首先他瞄准了在日本的韩国留学生,向他们提供小额贷款。积累了部分资金后,他开始在日本的韩国人聚居地做广告,逐步扩大自己的事业。他只做小额信贷生意的理由,并不是因为没有能力提供大额贷款,而是他有因此连本钱都收不回来的经历。

回到韩国以后,他正式进军韩国消费信贷行业。他说:"公司越来越大,我不停地思索,创造出那些能很容易地回收本钱的消费信贷产品。"所以他的主打产品是无抵押、无保证、无"先利"的小额个人消费信贷商品。小额信贷的好处之一是由于其金额小,在无抵押、无保证的情况下亦可贷出;其二,回收的可能性比大额信贷要高得多,相反,利息却比大额信贷要高,万一连本钱都收不回来,他只需稍稍提升一点利息,就能将损失转嫁到其他顾客身上去。

徐泰洙有敏锐的投资眼光,把握住了发展初期的朝阳产业。他有曾经在大额贷款方面赔本的经验,所以只在保本的基础上做些小额贷款的生意,并且靠这种风险合理的投资获得了巨额利润。

投资市场不是赌局,投资者以赌徒的心态来进行投资,不断用钱去填无底洞,就等着时来运转、咸鱼翻身,那是极其危险的。见好就收应该是投资者们始终坚持的一个理念。谨慎卖出,乍看的确比股市继续走高后卖出吃亏,可谁知道明天的大盘是不是走高呢?

切不要说"再等等",念叨着"再等等"的基本上都被套牢了。巴菲特曾说:"当股市中每个人都能轻而易举赚钱时,就到了要退场的时候了。"

事实告诉我们,一夜暴富远没有良性循环现实。与其深陷市场,大赚大赔,不如细水长流稳步致富。先保障资金安全,再谈成功理财。

成本过高会带来灾难

在投资市场中,大部分投资产品都与上市公司有着紧密的关系。在挑选投资产品时,我们都有自己的技巧,有很多投资者,不做调查了解,一味选择知名的大企业进行投资，以期获得大量的收益。

但是知名上市企业并非一定是投资的优选，因为投资大企业的成本可能会很高，过高的成本有可能带来高收益，但一旦市场走低，必将引起资金安全方面的灾难。

执掌伯克希尔公司的投资大亨巴菲特，每一年都会给自己公司的股东们写一封信作为年报。在1996年，他在信中对股东们解释说：在1989年时伯克希尔公司投入了3.58亿美元在美国航空公司年利率为9.25%的特别股上，他当时满怀胜算，谁料这竟是一个大错误。

在决定投资时，巴菲特认为自己抓对了时机。但由于当时航天产业自身的状况以及Piedmont并购的后遗症，美国航空产生了严重的问题。这些都是巴菲特当时没有料到的。

这之后不久，卡罗迪和索霍费尔德解决了并购后遗症，美国航空终于恢复了一定好评，但整个产业所面临的问题却越来越严重。巴菲特投资之后，航空业的状况急剧恶化，美国航空的部分竞争者进行了自杀性的杀价竞争，这就导致所有的航空业者都面临一个残酷的事实："在销售制式化商品的产业之中，你很难比最笨的竞争对手聪明到哪里去。"

巴菲特宽慰股东："除非在未来几年内，航空业全面崩溃，否则我们在美国航空的投资应该能够确保安全无虞，卡罗迪与瑟斯很决地在营运上做了一些重大的改变来解决目前营运所面临的问题，虽然如此，我们的投资现在的情况比起当初还是差了一点。"

美航造成了巴菲特的投资失误，一方面，它自身的运营存在着问题，另一方面，它的营业收入得不到保障。

美国航空公司的运营之所以产生了问题，是因为它的成本结构仍然停留在管制时代，运营成本非常之高，而这些运营成本最终转嫁到了投资者——也就是巴菲特的头上。

而美航公司的营业收入也因为市场中的价格竞争而大幅度缩水。既不能降低成本，又无法提高价格增加收益，灾难自然就无法避免了。

无论这个公司是个多么知名的大企业,无论它有多么出色的CEO。

巴菲特坦言,他非常喜欢并且崇拜美国航空公司CEO卡罗迪,也非常信任美国航空的盈利能力,所以自己没有对该公司进行深入的研究,没有充分看清这项投资所要注入的成本,所以导致投资陷入窘境。

不过巴菲特毕竟是巴菲特,即使出现了这样的原则性失误,总体上看,伯克希尔公司从1989年到1996年间还是从美航公司身上陆续得到2.4亿美元的股息,与3.58亿美元的初始投资相比,算是旱涝保收了。

巴菲特这个不算成功的投资案例可以带给我们许多警示。

所谓的成本过高,不仅是指企业运营时面临的问题,也是投资者在选择投资产品时会遇到的问题。对于一个企业而言,过高的成本很可能影响它的盈利能力,从而损害股东的利益;对投资者而言,成本过高的投资产品可能会抵消未来数年中可以赢得的分红。

投资者可能像巴菲特一样,因为信任一个公司而选择它的投资产品。因为是知名公司,所以投资产品的买入价格也会相应较高,那么,在数年后计算盈利时就会发现,自己的盈利扣除掉开始的买入成本后,所剩无几。

那么如何才能让我们的收益增加?答案是降低投资成本。

投资者获利来源于"收益-买入成本",收益与公司的运营状况相关,不受投资者控制,那么投资者只能从成本入手。

明智的投资者都会选择低成本的投资产品。比如与巴菲特齐名的华尔街投资大亨彼得·林奇,他就以喜欢淘换投资产品、眼光独到而著称。

彼得从来不迷信大企业,他不会抗拒低价投资产品的诱惑,而是果断买入,密切关注市场发展,判断自己的投资是否成功。因为投资成本低,所以即使投资不成功也不会赔本,于此同时,只要市场不是太过惨淡,他就可以盈利。

不要仅仅把目光锁定在那些你听说过却不了解的知名企业上,不要过于迷信所谓的市场热门。高新科技公司经常受到追捧,可有一个IT行业的老板就曾经自嘲道:"知道怎样成为一个百万富翁吗? 很简单,你要先成为一个千万富翁,然后开始做IT,用不了一年,你就可以变成百万富翁了。"

运营不利,老板们的资产会缩水,投资者面临的却可能是血本无归。所以,不要祈求大公司会保护好你的资产,还是在充分了解、独立分析的基础上,选择小成本投资最为精明。

理想化投资是投资市场上看不见的敌人

人人都说,有理想是好事,理想化就未必了。的确,在投资中,理想化也是一个忌讳。投资专家们天天建立一个又一个理想化模型来分析市场,但投资市场终究不是物理实验,就算符合所有规律,也未必能盈利。

不要想当然地制订自己的理财计划,觉得"某些公司下半年一定会盈利"或者"最近买基金绝对赔不了",这样不但无法获益,还很可能遭受损失。

2008年,中央电视台推出了一个叫《赢在中国》的栏目,广受欢迎,其请来了史玉柱、俞敏洪、马云等诸多成功人士担任评审,点评年轻创业者的创业构思。

在面对一些打算做互联网行业的创业者时,史玉柱提醒他们:"不能理想化,你看到的商机不一定存在。"

史玉柱认为,搞互联网的人,99%都把未来想得很美好,可事实不一样,要做1%那种冷静的人。

节目中,有一个创业者要创建网上购物中心,他一口咬定马云不会去做B2C——可那个时候,马云旗下的淘宝网已经推出了B2C模式的淘宝商城。电子商务专家分析指出,C2C模式在中国只能长期维持免费格局,拓展到 B2C模式,是淘宝网加快赢利步伐的必然选择。这些信息,全国媒体不乏报道,那名创业者作为一名"业内人士"应当知道,但他只是一厢情愿地想象,B2C市场不可能一家独大,以马云的性格要做就做最大的,所以马云不会去涉足B2C。

还有另外一个创业者,打算做淘宝网的对手,想打造社区电子商务平台,把社区的商业服务资源整合在网站上。他感觉淘宝网的发展比较缓慢,因为它的模式不对,互联网应该更多地服务于百姓身边的现实世界,而淘宝网是个虚拟商店。可事实上,这个项目一点都不新鲜,从十多年前,很多运营商和企业都有过类似的构建,但并没有成功的先例。成功的只有以淘宝为代表的C2C,和以当当网为代表的B2C,他们能成功的共同点,就是面向全国的供应商和消费者,最大限度发挥互联网配置资源的功能——这是社区电子商务平台所欠缺的。

史玉柱曾经说:"每一次的投资成功,都不需要一丁点的理想化因子。"不要投资那些理想化的产业和公司,也不要让自己的投资过于理想化,理想化投资是市场上看不到的敌人。

投资的理想化可以分为两种,第一种源自眼界不宽、调查不细、思考不远;第二种由于不会从历史教训中总结出真正的规律。

进入投资市场,每一种投资产品都会抛出各种诱惑,向投资者炫耀自己光明的未来。这时候,需要投资者进行分析和了解,看看要购买的这个产品的市场走向是不是像它介绍的一样乐观;看看这个公司经销的产品是不是真的是新产品;比较一下其与同类产品之间的买入价格和获益水平。这样,就可以尽量规避第一种理想化。

投资产品作为一种产品,它的价格也是围绕价值线来回浮动的。不要被短时间的回升所迷惑,在进行投资之前了解项目过去的成功率、获利率。如果产业的整体情况一片惨淡,比如石油产业,那么就不要怀着赌徒心理再度向其中投钱,触底反弹的确可能发生,但那时候,你未必有本金翻本了。多了解市场资讯,是投资者规避第二种理想化必做的功课。

四十岁出头的穆先生与妻子都有稳定的工作,家底殷实。这几年,穆先生看朋友在股市和期货市场一进一出,赚得盆满钵满,难免心中痒痒。他们两口子商量了一下,便拿出了几万块跟朋友一起炒。从2002年至今,股市、汇市甚至期市都留下了穆先生的影子。但是不同于穆先生的想象,急于在高风险投资中获得丰富回报的穆氏夫妇太过注重短线投机,没有获得预期的收益。

刚开始在股市中,一听说有异动他们就立刻买进产品,不见动静又立刻撤出。2003年外汇市场、期货市场十分火爆,他们又转投汇市和期市。急于求成的心态使他们并没有任何建树。

投资不是立竿见影的,就像某著名投资者说过的那样:"如果你不打算让你的资金在股市中滚动十年,那你最好连十分钟都不要投进去。"投资有长线投资和短线投资的差别,投资者不要看到别人赚钱,就理想化地认为自己也可以赚到钱。

不同的人应该根据自身的情况选择不同的投资产品和市场,比如,能接触到最新金融信息的银行职员,可以选择股票、外汇买卖等激进型的投资方式;对经济了解不多的小学教师,可以选择风险较小的国债、基金等。

只有把头脑中的理想化因子排挤掉,落实到市场中去考虑投资,才能在市场中挖出属于自己的金矿。

追涨杀跌是不成熟投资者的表现

投资市场,特别是股市中,有没有"追涨杀跌法"呢?答案是:有。它是股市操作的一个重要技巧,即在股市上涨时买入股票,股市下跌时卖出股票,如果操作得当是很好的赢利手段,可难就难在如何操作上。

现在交易市场有句术语叫"买涨不买跌",指导投资者选择当前市场的热点、板块龙头股来进行操作。操作这种人气和活跃度都很高的股票:第一,可以短期内获取大幅利润;第二,可以避免买到冷门股而造成资金闲置。但很多投资者把此种选股与操作策略,与追涨杀跌等同起来,因此屡买屡套,损失惨重。

美股论坛的一个网友发帖子说:"10个炒股的人中,7个是赔钱的,2个是不赔不赚的,只有1个是赚钱的。不论美股或者A股,基本上都是这样。"该网友是一个做股票的散户,在追涨杀跌方面,有着非常惨痛的经历。

"刚刚进入股市的时候什么都不懂,就自己随便看了几本书,"他在帖子中与其他投资者分享自己的经历,"看到股票涨了,听人说很热,就立刻买进;看到股票跌了,害怕赔钱,就立刻抛出。这样折腾了一年,我算了一下,进进出出的手续费快比赚的多了!"

他现在已经算是一个资深散户,在论坛中提醒刚入市的网友:追涨杀跌的先头兵都是散户,成熟的投资者和投资公司是不会盲目跟风的。网民与大公司信息不对称,所以切忌盲目跟风,散户没资格跟大户玩。

"巴菲特说:'别人贪婪时我恐惧,别人恐惧时我贪婪。'我现在越来越理解了,我认为,前半句必须坚持,后半句要谨慎对待。"这位网友说。

投资哲学
Investment philosophy

"股神"巴菲特无疑是从不追涨杀跌的智者,他每只股票的持有年限基本上都在8年以上,就是最短的一只也要3年(中石油H股)。为何如此呢?因为巴菲特心里非常清楚,如果某只股票持股8年,买进卖出手续费是1.5%。在这8年中,每个月换股一次,支出1.5%的费用,12个月则支出费用18%,8年不算复利,静态支出也达到144%,但如果不换手呢?那手续费就只有买入和卖出的3%。如此巨大的差额,巴菲特是不会支付的,但我们身边的投资者却总是选择与巴菲特相反的道路,不停地追涨杀跌、买进卖出,到头来却只是为市场贡献了手续费,在别人填满腰包的时候,自己落个竹篮打水一场空。

要克服追涨杀跌的行为和习惯,我们可以把目光从短线投资转移到长线投资,不让市场价格影响我们的投资行为。

股票投资高手彼得·林奇有着十分成熟的长线投资眼光,曾经有一段时间,他断定汽车旅馆业正处在一个反复复苏的阶段,于是购买了联合旅馆公司的股票,并且向其打听最令他们头痛的竞争对手,得到了"La Quinta汽车旅馆"这个名字。

彼得立刻打电话到La Quinta公司去询问他们成功的办法。他发现,这家公司的经营理念十分独到,比如说,它的汽车旅馆里没有餐厅,因为餐厅是很多汽车旅馆亏损的重要原因,旅客的大部分不满也是由于餐厅引起的。

优秀的经营让彼得对这家公司的营业能力开始有信心,同时他惊喜地发现,1978年只有三家证券公司在追踪研究La Quinta公司,并且大型机构投资者持有这家公司的股票不足20%。为了进一步确认这家公司提供的情况的真实性,彼得·林奇还分别在三家不同的La Quinta汽车旅馆住了三个晚上,检验床的坚固程度,使劲拉拉窗帘,用力拧拧毛巾,最后得出结论,La Quinta旅馆的设施一点儿也不比假日酒店差,很有发展的空间。之后,彼得·林奇购买了尽可能多的La Quinta股票,从中获取了丰厚的回报。

作为成熟的投资者,我们应该避免无脑的追涨杀跌。不要见到股价盘中大幅拉升就盲目杀入,因为这样很容易高位套牢;也不要见到股价大跌就急于卖出,这样很容易错失良机。

在我们投资的过程中,要有策略地运用追涨杀跌法,首先要选出没有大涨过,或者从相对历史行情来看,目前相对价格尚不算高的个股(最好是低位盘整已久且放出很大成交量的股票),然后通过黄金眼关注资金流向指标或主力持仓线指标,最后在机构和大户资金流入、主力持仓线稳步攀升时,根据软件发出的买进信号把握良机,及时买入。

同样,对杀跌抛售也要谨慎。一只股票之所以会从高位下跌,是因为大家不看好后市,对股价后期继续上涨意见不再统一且看空做空的人逐渐增多。但是我们知道,真正对股价产生巨大影响的是机构和大户资金,而他们有计划地撤退时,股价可能还在上涨,可大部分股民都是后知后觉者,在主力资金拉高出货时散户还在不停接盘,在股价刚开始下跌时,散户还在期待虚幻的后期利润。也就是说,投资者想要杀跌时,也许已经错过了抛售的最佳时机,属于高位接盘随后被套,这时必须立刻抛售,否则可能会被深度套牢。

让我们从盲目追涨杀跌的行为模式中跳出来,把眼光放长远,做出合理成熟的投资选择,不要重复"被套牢——割肉逃脱"的老路,把握好投资时机,努力做市场中盈利的那一个。

保守行事,绝不借债投资

很多做投资的人都听说过阿克森的故事,讲述他如何通过借债投资,从一个清贫的穷律师变成一个身家上亿的巨富。方法很简单,通过借款存款在银行建立信用,然后通过银行贷款购买公司,并且盈利。

阿克森的例子就是我们常听到的"借鸡生蛋"、"空手套白狼"。很多投资者对这样的行为十分神往,认为能做到的人简直就是"股神",市场中的各个机构也习惯拿这个例子来鼓励投资者,加大投资份额。

但当我们冷静地进行思考,从先保本、后盈利、保障资金安全的角度出发时就会发现,借贷投资是十分冒险的,它很可能导致投资者身败名裂,甚至赔上身家性命。

德隆集团在2004年的破产就是借债投资的一个典型教训。德隆集团1986年创建于新疆乌鲁木齐。2000年年初,集团在上海注册了德隆国际战略投资有限公司,注册资金人民币5亿元。经过十多年的努力,德隆逐渐发展成了以全球市场为目标的重组和整合能力不俗的成功企业。

德隆在10年中涉足的领域有制造业、流通业、服务业、金融业和旅游业等十几个。公司拥有新疆屯河集团有限责公司、湘火炬投资股份有限公司、沈阳合金投资股份有限公司三个全资公司,并参股20余家公司。在2002年,这些公司实现了销售收入40亿元,上缴利税4.5亿元的辉煌战绩,德隆国际的总资产超过200亿元。

然而,德隆在实施并购过程中,过分追求规模的扩张,大笔举借外债,最终导致了资金链的瞬间断裂,把自己带入了沉重的财务危机之中,为此付出了高昂的代价。整合产业打造金融帝国的远大梦想对于德隆来说是"令人动心的数字",但资金链的断裂让之前所有的努力都化为泡影了。

不少人认为,投资市场是"撑死胆大的,饿死胆小的",认为借债投资只是一种投资方式,没有必要过于保守。可事实上,反对借债投资的正是那些投资市场中的常胜将军。

比如巴菲特就曾经意味深长地告诫他人:"在投资中,就算再令人心动的数字,如果将他乘上一个零,那结果也还会是零,而你用别人的钱来投资，无疑就增加了零出现的几率。"

投资市场变化无常，存在着巨大风险，每个投资者抵抗风险的能力都是有限的，即使是用自己的资本来投资，都有可能因为失败或者周转不灵而影响正常生活，更不要说借别人的钱来投资了。

深圳市的一位老股民徐某曾经是股市中的赢家。1990年，他第一次接触股市就赚到了几万，从此专心炒股。等他攒够了原始资本，就急流勇退搞起实业，创办了一家造纸厂。可他并不擅长公司的管理和经营，不到两年就把积蓄赔个精光。经过再三考虑，他决定重新杀回股市。

只是这时的徐某已经没有了本钱，于是他决定采取另一种方法，"空手套白狼"，向家乡的亲朋们"融资"。

徐某在股市上小有名气，因此亲朋好友都愿意把钱给他代为投资，就这样，徐某的原始资本瞬间就达到了一个惊人的数目。在这笔资金的支持下，徐某信心百倍地回到了股市上。

一开始，情况非常不错，徐某赚得盆满钵满，还给亲朋好友带来丰厚的回报。由于第一轮投资十分顺利，徐某更加无所顾忌地开始了第二轮投资。他将第一次的盈利加上筹措来的1000万，集中出击，全部投到他看好的三个公司上。但就在这当口，股市出现了衰退的征兆。

一开始，徐某认为这是正常的波动，但当他看到大盘一路下跌，电脑显示器上的惨绿逐渐增多时才意识到，熊市来了。对此，徐某唯有用"割肉"的方法解套，但面对如此大笔的投入，一旦解套几年的努力都将付之东流，徐某还是踌躇了。就是这一踌躇，把自己逼上了绝路。2009年年底，当徐某彻底清醒想要从股市中解脱出来的时候，他手上的资金已经不及当初的百分之一了。

灾难没有到此为止。徐某投资的本金有一大部分是属于亲朋好友的。大家把钱借给他，本来是为了在股市中盈利，谁知赔得血本无归，都不依不饶地闹上门来。2010年11月，徐某终于不堪忍受别人的质问和压力，用一瓶农药葬送了自己的生命。

投资是有计划有把握的资本投入，而借钱来"豪赌"的行为显然是投机。

投机不可取，投资应保守行事，彼得·林奇也是这样认为的。在他看来，投资者即便是用自己的钱去炒股，也应该严格控制额度。

如何控制额度？

以股票来举例。投资者在买股票之前，应首先重新检查一下家中的财政预算情况。比如，在未来的两三年里你需要买房或是有其他大宗资金支出吗？如果有的话，不要进行投资，除非是把钱放入银行吃复利。因为没有人能预计投资的结果，你预测正确的可能性跟你猜对硬币的可能性一样高。即使是股市中最为稳妥的蓝筹股，也可能也会在三五年里一直下跌或不动，这说不定会破坏投资者某些重要的人生计划。

所以，无论是投资市场中的菜鸟，又或者是被人追捧的"大神"，都应该警惕和避免借债投资。正如韩国新生代富豪卢绅镐说的："从根本上说，不管投资理财能力如何，完全指望'借鸡生蛋'的人是傻瓜，不要陷入误区。"

投资的计划不宜太多

每个投资者在进行投资时都要制订自己的投资计划，查看一下自己的家庭财政状况，估计一下自己的薪资能否满足自己的生活需要，然后分析市场，考察自己即将投资的产品，最后再作决定。包括在投资过程之中，每一次大盘走向出现波动，或者是接触到一些金融信息，我们都需要对此进行消化处理，计划我们的下一步举措。

计划是必要的，但是过多的计划反而是累赘。把时间用在计划上会

令我们错过投资的时机,幸运时只是少赔一些,严重时甚至会令我们赔本。

有这样一个关于采草莓的故事。艾米的家庭并不富裕,与她同村的索顿先生有一家水果店,专门卖草莓之类的水果。

有一天,索顿先生问艾米:"你愿意挣点零花钱吗?"艾米立刻回答:"是的! 我做梦都想要一双新鞋,可是没有那么多钱。"索顿先生就说:"那好,格林家的花园现在有很多草莓成熟了,他允许每个人去摘。你去采草莓回来卖给我,一篮我可以给你13美分。"艾米听了十分高兴,她跑回家,拿上篮子往格林家跑去。

一边跑她一边想:如果我采了五篮草莓,那能挣多少钱呢? 于是她停下来,摸出一支笔和一块小木板开始计算,最后得到结果:65美分。她又想,如果我能采到十二篮,那又能挣多少钱呢? 她又开始计算,然后惊叫出声:"天啊,我能赚到1美元56美分。"她非常开心,又开始计算采集五十篮、二百篮能获得的收入。就这样,时间悄悄流逝,吃午餐的时间到了。艾米摸摸肚子,决定回家吃饭。等她填饱了肚子,心急火燎地赶到格林家时,才发现许多孩子午饭前就到了那儿,草莓几乎都被采完了。最后,艾米只可怜巴巴得采到一篮的草莓。

心动不如行动,这句广告词是真理。很多投资者,在投资之前阅读大量的书籍,一遍又一遍地推敲自己的投资计划;在投资市场上倾注大量的精力,对市场的风吹草动都反复推敲,最后成为了一个又一个"艾米",唯有眼睁睁地看别人把草莓采走。

与其在纸上演算自己可以获得的收益,不如立刻到投资市场中去实现它。投资市场中的行动派代表彼得·林奇,就是凭借卓越的眼光和迅速的行动力赢得了一次又一次胜利。

曾经有人向彼得询问寻找10倍股的方法——这是他的拿手好戏。

彼得告诉他,就要从你家附近开始找,如果附近找不到,就去大型购物中心找。

这种投资一点都不困难,就好像你不用在柯达上班就可以知道日本制造的价格便宜、操作简单、质量上乘的新一代35mm照相机正给照相机行业带来新的生机,胶卷销量正在上升。无论你是一个胶卷销售人员、照相机店的老板或者员工,都会注意到这种情况,也许你是一位当地的婚纱摄影师,你可能看到五六位新人的亲戚们正在婚礼上拿着自己的照相机四处乱拍,以至于几乎影响到你这位专业摄影师拍照了。

看到了这一点,你就可以确认,它就是可以给你带来巨大利益的机会。

林奇告诉他诚恳的求助者,发现身边有好的投资机会,就要立刻把握它,一个投资者一年内只有二三次碰到有希望获得成功的投资机会。

投资者在研究投资时间时,可以参考经济学的波浪理论。波浪理论将股市的波动大趋势分为上升五浪和下跌三浪。

上升五浪包括:

第一浪:在波浪循环开始时,大约半数以上的第一浪都属于营造底部形态的第一部分,出现在空头市场后的末期。

第二浪:出现在第一浪后,是实际走势中调整幅度较大的下调,波动会比较剧烈。投资回报逐渐缩小后,第二浪宣布结束。

第三浪:在绝大多数走势中属于主升阶段的大浪。第三阶段属于最有爆发力且最长的一浪,上升空间和幅度也常常最大。在这个阶段,市场投资回暖,投资者信心恢复,成交量急剧放大,投资回报急剧上升。

第四浪:是行情大幅劲升后的调整浪,通常以"倾斜三角形"的走势出现,一般而言,第四浪的底点不会低于第一浪的顶点。

第五浪:是重要的推动浪,但涨幅比第三浪小,投资市场人气较为高涨,市场形态比较乐观,通常以失败的形态告终。

下跌三浪包括:

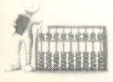

A浪：紧随第五浪产生，市场中的投资者大多数认为上升行情尚未逆转，下跌之势暂时的回档现象。A浪的调整形态通常是平坦型形态和之字型形态，且经常与B浪以交叉形式进行形态交换。

B浪：其上升源自于多方投资者的单相思。B浪一般是多头的逃命线，一般出现明显的价量背离现象，很多投资者都失败于此。

C浪：紧跟在B浪后面破坏力较强的一浪，大多数投资者已经醒悟过来，跌势强劲，跌幅大，持续时间较为持久，出现全面下跌。整个波浪宣告结束。

可以看出，只有在上升五浪中的前四浪中进行投资，才能获得成功。机会一闪而过，等投资者做出来完备的投资计划，兴致勃勃地准备入市时，可能已经被卷入了第五浪末期，只有在B浪时及时逃脱，才能在一定程度上控制损失。

所以，要投资，看准就立刻行动，别让你的草莓跑进别人的篮子。

集中投资能降低真正的风险

每一个投资者都听过投资界的那句名言："不要把鸡蛋放在同一个篮子里。"长时间以来，人们认为，只要把资金分散在不同的领域，就可以有效地规避风险。但投资市场中的那些佼佼者却不这么想，对他们而言，把鸡蛋放在同一个篮子里才是正道。资金的分散，看似始终为自己留有余地，事实上却减少了投资者在各个领域的盈利成本，也削弱其抵抗风险的能力。

有一位销售白色家电的经销商，曾经在省会城市运作得非常好，排在厂家年底表彰的优秀经销商的榜首。可经销商发现，在销售时，有许多顾客要连带购买家用电子产品，而他只能把顾客推销给其他电子产品的品牌。

这种为他人做嫁衣的事情让他十分不快，为了不让赚钱的机会溜走，他又去代理了一个家用电子产品的品牌。本以为生意会日益兴隆，但事与愿违，他的生意遭受到一连串的打击：先是白色家电的厂家对其销售表示不满，在省会重新找了个经销商与他恶性竞争；再是家用电子产品厂商对他的销售低迷、不能完成年度任务表示不满，也打算取消他的销售资格。至此，这位经销商束手无策，进退两难。

投资者的资金像精力一样，是十分有限的。所以在分配时，不如像马克·吐温说的那样："把所有的鸡蛋放在同一个篮子里，然后小心地看好它。"如果诺基亚公司不是专心发展手机，而同时兼顾PC机、MP3生产的话，它不会登上手机市场帝王的宝座。如果美国西南航空公司没有专心发展商务舱、经济舱，而去做货运舱、头等舱的话，也不会有今天的辉煌。

投资大亨们都很清楚这个道理。集中投资理论的推崇者巴菲特，他的成就有目共睹，而他的一生中，主要投资的股票只有22只，为他带来了320亿美元的收入。巴菲特称，多元化是针对无知的一种保护，对于那些很清楚自己在做什么的投资者，多元化投资策略毫无意义。

相反，投资者应该把资金集中在那些有价值的投资产品上，比如巴菲特非常看重的可口可乐公司，就是他集中投资然后获得回报的典范，他用13亿美元购买了可口可乐公司的股票，然后获得了70亿美元的回报。

集中投资的操作并不复杂，投资者只要做到：第一，选择10到15家历史上投资回报高于一般水平的公司——这些公司有很高的成功率，而且很有希望将过去的优秀业绩保持到未来。第二，将你的投资资金按比例分配，将大头压在高成功率的投资产品上。第三，只要事情没有变得太过糟糕，就保持原封不动至少5年。投资者应该学会沉着应对股市中的各种情况，以期顺利过关。

刚开始炒股的时候，赵斌非常听信股评专家的话："分散投资，多买几种股票。"他把自己入市的钱分散在十几只股票上，遇到大盘涨，就都涨，遇到大盘微跌，也有几只可以翻红，但总体看来都差不多。可是，一旦大盘快速下跌或是发生突发事件，赵斌就在自己的十几个篮子上乱了套，闹不清应该怎么挂单，闹不清怎么自救。

经历了一次大跌之后，赵斌发现自己遭受了很大的损失，十几个篮子都鸡飞蛋打。他自己琢磨，决定尝试着把资金集中起来。

后来，赵斌再次入市，他开始只买一到两只股票。这样一来，很快就看出了效果。首先，盯盘比较轻松，只要专心盯着自己的一两只股票，每天还有时间给他们做一个小波段：把K线图调到五分钟甚至一分钟上，当盘中出现快速反弹冲高的时候，就注意着MACD等指标，一旦出现分时头部，就立刻抛一半，等到指标调到相对底部的时候，再把之前抛出的股数接回来。这样，每次差不多可以做出两三毛钱的差额。此时，赵斌账户中的股数不涨，资金余额却唰唰往上蹿，运气好的时候，一天能做出百分之五六的短差。

通过自己的亲身经历，赵斌感叹说："以后遇到突发事件需要清仓回避时，打开我那唯一的篮子，不出三秒就能全部抛光，就是再灵便的机构庄家，也不可能比我跑得快。"

投资者在投资的过程中，要跟大盘、政策、大户比速度。这时候，集中投资对资金安全的保护就能得到充分体现了。就比如遇到天灾，把所有贵重物品都放在一个包里的人，总是会比把贵重物品到处摆放的人蒙受的损失小一些。

不盲目听从专家的建议和市场意见，明确自己的投资目的，像市场中的聪明人一样把资金放在能赚钱的篮子里，你也会找到属于自己的"可口可乐"。

如果不了解，就不投资

很多人都不擅于跟理发师打交道，因为每当我们走进理发店，总会被理发师的造型计划说服，给自己的头发烫个卷或者染颜色，即使我们的初衷只是让头发变短一点。

之所以会被理发师左右，是因为我们在踏进理发店之前，对自己的发型没有一个大体概念，心里没有主意，所以自然容易被别人的意见所左右，多花冤枉钱。

投资也是同理。随着理财观念逐渐增强，越来越多的人愿意把钱投放到投资市场中，以股民来说，中国号称已经上亿，可这些股民当中究竟有多少对自己投资的行业、企业有过了解呢？不到千分之一。我国的大多数股民还处于盲目投资阶段，有些人非但不了解自己的投资标的，甚至连股票的运作过程也不了解。盲目的投资者只知道把钱放在那里，然后做着发财的美梦，最后接受本都收不回来的惨况。

巴菲特曾经说："如果有1000只股票，对999只我都不知道，我只选那只我了解的。"投资者应该避免盲目跟风，在投资之前，要自己去了解想投资的产品、收集各种资料并且进行分析，而不是在投资市场中扮演为别人顶缸的角色。

投资者在投资时应该清楚，投资的精髓是不管你看什么，都要看你要投的企业本身：看这个公司将来5年、10年的发展计划，看你对公司的业务有多少了解，看你是否喜欢并且信任公司的管理层，最后看公司推出的投资产品的价格，这是一个想在投资市场盈利的聪明人最起码的功课。

1963年，有一个家境贫寒的大学生，以每股7美元的价格买入了他人

生中的第一只股票——飞虎航空。做出这笔投资后，他只能靠自己做球童赚来的钱和奖学金来缴学费了。

这个年轻人买股票投资并不是一时兴起。他一直在高尔夫球场工作，在这个过程中，他对那些富翁们经常谈及的股票产生了浓厚的兴趣。而选择飞虎航空也不是源于他的突发奇想或者凭空瞎猜，而是基于他对这家公司进行的非常执着的深入研究，尽管他研究的前提是错误的：在大学中的一节课上，年轻人读到过一篇关于空运公司美好未来的文章，文章中提到，飞虎航空公司正是一家经营航空货物运输的公司。

这之后，飞虎航空公司的股票的确上涨了，但不是因为前景远大，而是由于美国卷入了越南战争，飞虎航空负责运送部队和货物，从而获取了巨额利润。这之后，不到两年时间，飞虎航空的股价就涨到了32.75美元，成为这个年轻人寻到的第一只5倍股。他用在飞虎航空公司的股票上赚到的钱读完了沃顿商学院的研究生，并且成为一位股票投资界的巨星。他就是彼得·林奇。

作为业余投资者，了解投资产品的第一步就是在身边寻找。不要因为电视里股评专家的推荐就去盲目投资，股评专家的推荐有时候就像是衬衫里的四层合格保证：实际上只有覆上第一层合格保证的人曾经接触过产品，剩下的三层都只是根据上一层来判定"合格"。

要知道，股评专家未必真的去了解过他所鼓吹的投资项目，而只是把别人推荐给他的产品再推荐给投资者。这个过程无疑会加剧投资者的信息不对称，使投资者受损失的可能性变大。所以，投资者必须要自己去了解投资对象。

应该如何去做呢？

首先，要从生活中看得见的情况着手。比如路口的某一家甜品店门口每天都排着长队，店门口的宣传海报总能吸引到你的注意力，而你也很喜欢店中的氛围，那么在得知它所属的公司上市之后，你就可以准备投资了。

然后，对一个公司做出深入了解：

第一，简要了解公司的发展历史和长远规划；第二，了解公司现有的产品和服务简况；第三，了解公司的市场销售概况；第四，简单地了解一下公司的竞争对手；第五，了解公司的核心技术；第六，了解公司的融资计划和安排；第七，了解公司现有股东和管理层的简况；第八，查看公司的一系列背景资料（行业情况、行业发展周期、相关法规政策等）。

先了解，后投资；不了解，不投资，从身边着眼、从小成本的投资产品出发，方能保障资本的盈利，在投资市场中获得成功。

不做没有理性的投资

投资能让钱生钱，是我们扩充财富的重要途径，这已经是很多人的共识。大家满怀着对投资市场的信心买入股票、基金、债券甚至是期货，热切地盼望自己可以成为最后的赢家。我们的幻想能不能同时实现呢？

不可能。因为投资者面对的往往是零和博弈，有人赚就一定有人赔。那为什么每个在市场中浮沉的人都坚信自己能赚钱？显然，不断变化的账户已经令许多人抛弃了理性。

投资者的理性都是有限的，在投资过程中，难免会受到各种心理因素的影响，导致出现认知和行为的偏差。举个例子，某些股民一边看着大盘下跌，嘴上喊着"抄底"，却永远不肯做空仓，眼睁睁看着自己赔钱，这就是理性不足，聪明人做了傻事。

2008年，我国股市遭遇巨大动荡时，股市中约有70%的人是从没经历过"熊市"考验的新人。这些人连基本的公司财务状况都不明白，甚至没有看报关注国家政经大事的习惯，纯属跟风炒作，他们听说股市能赚钱就想来分一杯羹，没有任何独立思考的理性，结果被牢牢套在里面了。

这些被套牢的人大部分都是普通投资者，进行投资的钱都是辛苦积攒的血汗钱，有些人甚至连给孩子上学结婚的钱都拿出来了。他们满怀幻想地把钱放进市场里，换不到分毫利润不说，还赔了个血本无归。一个业内人士对此无奈地说："这些人就是送上门来给人家骗的，当时的市场已经疯狂到了无以复加的地步，这些人只要肯稍微理性地动动脑子，就能抓住最后一丝机会逃离。但是他们大多数已经被高昂的回报蒙蔽住了眼睛，拒绝思考，最后落到这步田地，其实只能怪他们自己。"

诚然，每个进入市场的投资者都要追求利润，可与此同时，我们也不应忘记规避风险。在追求利润的途中，要抵抗住风险的洗礼，需要我们掌握一定的专业知识，这就要求我们必须保持理性。

巴菲特的导师格雷厄姆曾经这样定义成功的投资者："成功的投资者往往是个性稳定的人。投资者最大的敌人不是市场，而是他自己。即便投资者具有数学、财务、会计方面的高超能力，若他不能掌握自己的情绪，也难以从投资行动中获益。"

曾经有一家专业机构对投资者的非理性表现进行了罗列，它们包括：

第一，过度自信。投资者刚愎自用。对自己的知识和能力过度自信，过于相信自己的判断能力，高估成功的机会，认为自己能够"把握"市场，武断地把成功归功于自己的能力。

第二，从众心理。许多不懂得投资的人群都有从众心理。人总是潜意识地认为人多的地方是安全的，导致很多投资菜鸟选择跟着大家走。

第三，过度反应和反应不足。过度反应的意思是，投资者对最近的公司信息赋予过多的权重，导致对近期趋势的推断过度偏离长期平均值。反应不足则正相反，对公司近期的信息不够重视。这样的非理性会使投资者在坏消息的影响下过度悲观，导致证券价格下跌过度；在好消息的影响下过度乐观,导致证券价格上升过度。

第四,对损失的心理逃避。同样数量的投资损失会比盈利给投资者带来更大的情绪影响,因为许多人在面对必须思考损失的情况时,会选择逃避或者匆匆而过。

第五,选择性偏差。选择性偏差是一种认知倾向:人们把事物分为几个典型的类别,然后在对事物进行概率评估时,过分强调典型类别的重要性,忽略其他潜在可能性的存在。这种非理性会使投资者认定"好公司"就是"好股票",而忽略"好股票"价格过高就会变成"坏股票"这一事实。

投资者可以将自己的情况与上述五种比较普遍的现象进行对比,来反思自己是不是丢失了理性。理性投资并不是专业投资人士和机构的专利,事实上非专业人士的心态往往更容易放平,从而取得成功。

孙先生在2010年做了一次非常成功的投资。他对汇源果汁集团进行了长时间的了解后,决定对其投资,并对汇源的股票前景做了预计,认为它会在4.9到6.2的区间上进行调整。当时,由于汇源恢复派息,他的成本已经低于5港币。在确认了汇源股票的价值后,他大着胆子,完全忽略了市场的大幅恶性下跌,专心等待大跌后的增持,最后果然获得了不俗的回报。

孙先生分析说:"汇源的核心价值在于它是民族知名品牌,而且是高浓度果汁的第一把交椅,拥有自己的上游果园,再加上它的生产成本控制得很好,一定可以进一步发展。"

投资者要规避没有理性的投资,首先应该对所投资的领域进行深入了解,不要高估自己的能力和运气;其次,要慎重决定、大胆执行;再次,要注意搜集与个人意见相悖的资料;然后,进行长线投资,不要只看到眼前利益;最后,投资者要学会掌握自己的情绪。

巴菲特说过:"一个投资者必须既具备良好的公司分析能力,又具备把自己的思想和行为与市场中的情绪隔绝开来的能力，才有可能取得成功。"

投资市场中的过度狂热和过度恐慌都是瘟疫，投资者只有保持理性，保持健康的心态，才能保证自己的资金稳步上升，让自己处于不败之地。

不要过分相信投资天赋

投资者在学习并进行投资的时候，免不了从许多专业人士、成功人士身上学习经验，包括本书之中，也提供了很多巴菲特、彼得·林奇、索罗斯的例子，时间久了，"股神"、"投资天才"等印象就会深深印在投资者脑海里，以至于投资不顺时，我们就会忍不住感慨"如果我也有巴菲特那样的投资天赋就好了"或者"看来投资这方面我没天赋"。

这样的感叹其实并没道理，世界上没有真正的"股神"，没有稳赚不赔的投资者，大部分在投资上有所建树的人都会反复提醒投资者：不要过分相信投资天赋。

在美国投资市场上，有一个被舆论长期推崇为投资天才的人，他叫斯文森。1980年，27岁的斯文森拿到耶鲁大学博士学位，来到华尔街开创自己的一番事业。正当他的事业稳步发展时，他的母校耶鲁大学的基金投资回报率却长期陷入了低谷。1970年到1982年，耶鲁捐赠基金的年均净收益率仅为6.5%。于是在1985年，斯文森被举荐任命为耶鲁捐赠基金的投资主管。

起初，斯文森并没有资产管理的经验，不知该怎样管理耶鲁巨大的捐赠基金。为此，他首先雇用了一个老同学作自己的战略伙伴。他们两人花了数年的时间评估各种投资组合，并研究不同的投资战略，通过多次的实验，逐渐开阔了视野，斯文森也慢慢地摸索出了自己的投资组合，并将其运用到实践中。他将原本投在国内股票债券上大约四分之三的耶鲁捐赠基金分散到其他一系列的投资项目中，包括购买公司的基金、股权和地产、建材、厂房、设备等硬资产。他的这一系列投资项目本身具有很大的风险，但这些投资组合却恰恰验证了他的投资组合理论所预料的：投资组合降低了波动性，从而提高收益率。事后证明，斯文森的这套投资方式使耶鲁捐赠基金的收益无数倍地增长。

后来，人们不仅将斯文森的成功归功于科学的投资战略，还引申为斯文森的天赋起到了决定性作用。一直以来，斯文森最令人震惊的举动是聘用基金管理人，这一项工作取得了非凡的成果。他是如何做的呢？斯文森通过挑选聪明优秀的基金管理人，将耶鲁的捐赠基金分派给100多个不同的经理人，包括几十只对冲基金。他成功地利用这些基金管理人的能力，开创了现代基金管理模式的先河。

人人都将斯文森当作是天赋起决定作用的例子，但斯文森本人却说："我之所以能获得成功，只是因为方法对路而已，在这背后我曾经付出了无数艰辛和努力。至于挑选基金人才，也是我不断虚席的结果。我对有才华的人很感兴趣，我喜欢那些有激情、对自己的事业狂热的人。"

著名投资大师彼得·林奇也是一位广为人知的天才投资家，他曾经表示，投资过程中是没有天才的，所谓的"投资天才"和"股神"，无非是能够根据其自身的投资经验总结出适合自己操作的方法的人。而这些方法，只要一般的投资者能够付出努力和时间，也一样可以掌握，任何投资才能都是后天的努力所得。

敏锐的投资眼光来自不断的摸索和学习，如果投资真的是天赋的话，为什么巴菲特的家族中只有他一个人对投资感兴趣？

我们要看到，很多被神话了的投资成功者都是出身于专业机构，这意味着他们可以接触到更多的信息、在分析信息方面占据集中优势并且资金雄厚。如果把他们所依赖的信息源和下属工作人员抽离，他们也会是最普通的投资者。作为投资者，我们应该认清这一现实，肯定自己的能力，牢记成功只能靠自己创造。

王某和吴某是一所财经大学金融专业的学生，他们都对股票非常感兴趣。大三的时候，两人一起把自己的压岁钱和奖学金投入了股市。因为有丰富的专业知识，他们本来对自己的投资眼光充满信心，谁料一入股市深似海，他们入市不久就遭遇了一个小动荡，几乎把钱全部赔光。

两个年轻人都非常沮丧。王某认为自己没有投资天赋，他垂头丧气地拒绝继续投资，甚至因为这次打击放弃了本来打算攻读的金融学硕士。吴某却没有气馁，他开始跑证券交易市场，近距离跟有经验的老股民和操盘手取经，同时尝试着把理论知识跟实践结合起来，功夫不负有心人，半年后，他将自己曾经赔掉的钱又重新赚了回来。

只要付出努力，就一定可以收获回报。把时间浪费在艳羡他人的天赋上是没有意义的。作为一个投资者，只要能在投资市场中聪明地保住自己的资金，谨记先保本再赚钱，不选择成本过高的投资产品，理性消费，善于做出投资计划并坚决执行，就一定可以达成自己的投资目的，锻炼出自己的理财天赋。

第三章

投资不是投机，不靠运气靠实力

投机的人不会长久获利

当我们开始对投资的相关信息和知识感兴趣时，我们就自称投资者。可事实上，很多时候我们做出的决策是投机而非投资。我国的股市中投机性十分严重，大部分的人都没有成熟的投资意识和长期控股计划，只是单纯地被股市的火热景象所迷惑，拿着资金参与进来，想要拼一把运气，分到一点好处。这样的想法使我们损失了很多赚大钱的机会，更增加了我们投资失败的几率。

巴菲特是全世界投资者的偶像，他在创造自己投资神话的过程中始终坚持着一个原则——要投资不要投机。在他看来，进行短线炒作的人就是在进行投机，是不可能在股市中最终获利的。

作为投资界的一个传奇，巴菲特的财富与投机炒作绝缘，他从来不

干低买高卖、炒作股票的事情。曾经有一位美国基金经理十分仰慕巴菲特，他专程去拜访了这位常胜将军，经过详细的面谈后，这位基金经理大失所望地对别人说："巴菲特是一个业余选手。"意思就是，巴菲特不是股市中人，他的功夫，全部下在股市之外。

为什么在股市中苦苦挣扎、割肉解套、只能赚小钱的"专业选手"，不能像巴菲特这样一个"业余选手"一样赚钱呢？按照前者的思路，他可以通过炒作的帮助每年从股市上赚30%甚至更多，如此一来，若干年后，又会有一个巴菲特那样的亿万富翁诞生了。这样的思路存在一个巨大的误区，因为其完全忽略了，巴菲特控股的公司每年23.6%的增长率，来源于公司扎扎实实的业绩，而不是炒作。

在这里要提醒投资者们，股票也好，其他投资产品也好，都只是上市公司进行融资的手段。你买的股票究竟能不能一路走高，到底值不值钱，是跟这家公司的价值和营业能力息息相关的。投资者如果是单纯地被股票走势所诱惑，投机做短期，那么你购买到的股票的价值可能还没有你买入的价格高，一旦不能及时脱手，就很有可能赔得倾家荡产。

投资比投机更加明智，两者之间有怎样的差别呢？投机是根据对市场的判断，把握机会，利用市场出现的价差进行买卖从中获得利润的交易行为。投资区别于投机，其目光更长远，更趋向是为了在未来一定时间段内获得某种比较持续稳定的现金流收益，积累未来收益。

具体来说，首先，投资看重的是长期内的稳定回报，而投机仅仅是短期内对风险因素的技术性套利。其次，投资追求的是"双赢"的发展路线，而投机则是利用风险，创造更多的经济不确定性。

投资者选择股票看中的是潜质，进行的是长线投资，既可以趁高卖出，也可以享受每年的分红，股息不是非常高但持久稳定；而投机者则热衷短线投资，只是借助暴涨暴跌，通过炒作来谋求暴利，会导致少数人一夜暴富，很多人一朝破产。

要想在投资中取得成功，就要端正心态，谋求长期的稳定，不要一味追求小钱而放掉赚大钱的机会。

彼得·林奇被某些人认为是投机者,因为他不像巴菲特那样做长期投资,而是大量筛选各种中小公司的股票。彼得本人却不这么认为,他说:"很多年来,购买大公司的股票被认为是投资,购买小公司的股票被认为是投机。但在最近,购买小公司的股票也成了投资,投机开始专门指炒作期货和期权的行为。我们始终在努力分辨投资和投机,在我看来,把钱花在有价值的股票上,就是投资。"

林奇表示,每次他听到人们把投资描述成"保守的投机"或"谨慎的投机"时都感觉十分好笑。人们这样说,显然是担心自己的投机是在赌博,却不知道如何才算是投资。林奇告诫自己的崇拜者,投资的关键不在于你是不是足够谨慎,而在于你是不是了解你所投资的东西。赌徒用再虔诚的方式摇骰子,也仍然是个赌徒。

长期投资才是在市场中成为赢家的正确方法,所以投资者们应该避免频繁跟风的短小操作。

但是也要注意,长期投资并不等于长期持股。长期投资的前提,是你要投资的这些企业真的值得。投资者长期投资,并不意味着可以买下一个产品然后放心做甩手掌柜,我们毕竟不是目光灼灼几乎从不犯错的巴菲特。在长期投资的过程中,要多留心市场走向,在意识到自己看中的公司可能面临严重的生存问题时,应该立刻撤出,以保障自己的资金安全。

对投资来说,眼光比学历更重要

不可否认,在当今社会,学历是一块敲门砖。但就投资市场来说,高学历的人未必比低学历的人更容易成功。反倒是眼光,在投资和职业发展中都是十分重要的,对我们来说,说出几个眼光犀利、自学成才的投资大师,比说出北大今年的博士毕业生更容易。

英国传奇"少年富翁"哈里斯,在年仅12岁时就已经拥有了两家店:古董店和花店。

哈里斯自小就有一个古怪的癖好:酷爱老式西装,而且要打领带。这个癖好让他在学校里备受嘲讽,于是他11岁便自动退学了。父母无可奈何,只好聘请家庭教师为他温习功课。他的这位家庭教师是个科幻小说家,在教育哈里斯的过程中,他惊异地发现,这孩子的智商远远超过了他的实际年龄,基本上与成年人持平。

在哈里斯年仅8岁的时候,他曾花10英镑买下过一个瓷娃娃,一般人都不知道它的价值,哈里斯却非常清楚,仅一转手就卖了7000英镑,利润是成本的700倍。10岁的时候,无视亲戚们的反对,哈里斯开了一家古董店,店里的古董完全由他亲自选购,生意非常不错,利润比预期还高。曾经与哈里斯合作过的古董商派特·库克说:"哈里斯非常可爱,但在商业上却拥有自己独特的判断标准。仅这一点来说,他能赚大钱就不足为怪了。"

投资者都需要卓越的眼光来判断哪一个投资产品能给自己带来最大的利益,显然这样的眼光并不是生来具备,而是通过经验的积累和坚持不懈的学习总结得来的。

投资哲学

就投资眼光来说，巴菲特和彼得·林奇都是佼佼者。这两位大师曾经在一次活动上碰面并进行了交流，交谈结束后，林奇郑重地说："跟巴菲特对比之后，我发现也许我并不适合做证券。"

众所周知，林奇是个拥有独到眼光的出色投资者，而他杰出的投资成绩，无一不是建立在他对所投公司所做的深入调查上。可在与巴菲特所做的准备进行过对比后，林奇自惭形秽了。

其实这并不难理解，巴菲特拥有一家十分专业且资金雄厚的公司来为他的各种调查活动提供支持，且由于巴菲特的投资理念是"不了解就不投"，所以调查对象少而精，全公司的人力力量可以集中到一起。与之相对，林奇崇尚的是"发掘价值"，愿意把大量的精力用在寻找10倍股上，调查对象多而杂，难怪在调查深度上难以与巴菲特相媲美。

这两位投资大师都是高学历的专业人士，同时拥有高学历和高明的眼光是他们成功的秘诀，而只有高学历却没好眼光的投资人士就未必能在市场中取得成就了。彼得·林奇曾经研究过华尔街中的一种"滞后现象"，简单来说，即高学历人士容易被专业知识制造的盲区所迷惑，从而无法在第一时间发现有价值的公司并进行投资。

养老院里有三个住在一起的老头，在2006年到2007年股市火爆的时候，他们都在股市里投了资。老贾最早被称为"股神"，他坚信"短线是金"，从行情启动到2007年5月，追涨杀跌了上百只股票，隔三差五就赚一点。

同住的老王却看不起他，说他赚的钱还没给交易所缴的税费多。老王信奉的是美国老太太长期投资可口可乐的理念，不仅要赚差价，还要坐等分红。虽然他的股票大半还被套着，但是这老先生并没有自暴自弃，到2007年5月，他不但成功解套，而且赚了两倍。养老院里崇拜老贾的老头老太太们一下子变成了老王的拥趸，这把老贾气坏了，含沙射影地指出某人当年最看好的一只长线股，早在几年前就已经退市到三板了。

于是，马上有人对"王氏长线投资"的可行性产生了怀疑，大家查资料后吓了一跳，发现居然有几十只熟悉的股票都去了三板，目前股价仅剩几毛钱。并且就在老贾和老王论战后不久，股市暴跌，短线损失惨重，长线也差不多跌回成本价。

这时，老钱却赚翻了。老钱不像老贾和老王念过大学，只是被他儿子接进城来享福的，他在2007年8月份买了500股"伤心股"，几乎是入市就被深套，老贾和老王纷纷劝他卖掉，老钱却觉得还有转机。结果股改复牌之后，老钱的股票竟然暴涨了10倍，他当时立刻抛出，算下来净赚8倍。

老贾和老王目瞪口呆，纷纷向老钱请教选股的秘诀，老钱憨厚地说："那家公司离养老院就两条街，每次股东大会我都会去看看，乍看那公司好像没赚什么钱，但我听他们说公司未来的发展思路，还是觉得有道理的，就买了。"

像巴菲特那样投资，自然可以极大地增加获利的可能，但是一般的投资者没法像他一样对各个行业都有所了解，也没办法对所投公司作出彻底的调查。这时候，我们就可以参考彼得·林奇的思路，从身边发掘值得投资的股票，培养自己的眼光。

就投资市场而言，有些人可能会比较信任电脑给出的数据和预计走向，喜欢用专业知识和理论储备来作出决策，这可能要求投资者具有比较高的学历；也有些人更喜欢自己去发掘有价值的投资产品，把钱放在自己可以接触到的公司，切实把握住公司的价值，这就需要投资者有精准的眼光。

事实证明，投资的书每个人都看，投资知识每个人都学，越来越多的高学历投资者涌入市场，可该赔还是赔，该被套牢还是被套牢。反观那些眼光独到，目光长远的人，往往能够在股市中挖掘到理想的金矿，所以对于成功的投资者，长期观察锻炼出的眼光会比一张文凭更重要。

不听信别人的意见，独立思考最可贵

在进行投资时，投资者必然会主动去接触大量信息，在其中筛选出那些对自己有意义的。这些有意义的信息，可能是国内外最新的财经新闻，可能是一本通俗实用的理财书籍，也有可能是目光老道的投资专家的意见。能够接触到这些信息，无疑会为投资添加一分推动力，与此同时，投资者却不应该放松警惕，要坚持独立思考。

尽信书则不如无书，过多的听信别人的意见只会让自己感到迷茫，被市场情绪感染，丧失投资的理性。歌德曾经总结出的规律在投资市场中同样适用：两个人是一对同伙，三个人是一群乌合之众；四个人是两对同伙；五个人是一对同伙和一群乌合之众；六个人是两群乌合之众；七个人是一群乌合之众和两对同伙；八个人要么是四对同伙，要么是两群乌合之众和一对同伙；九个人是三群乌合之众；十个人要么是五对同伙，要么是两对同伙和两群乌合之众。在人群中，我们可能会遇到能给予援手的"同伙"，更有可能是不小心把我们拉入岔路的"乌合之众"。

投资专家格林先生有一个名叫弗兰克的客户，前者为后者掌管养老基金账户。某次，弗兰克先生检查自己账户的投资业绩时，发现乐施公司和西尔斯公司股票在盈利，由于这些股票并没有注明购买日期，所以弗兰克并不知道。这两只股票从1967年开始就已经在格林的投资组合中，在他持有这两只股票的数年中，所取得的投资收益率比货币市场基金都低——可弗兰克从表面根本看不出这一点，十分开心地称赞了格林。

随后，弗兰克看到了七棵橡树国际公司的名字，他从没有听说过这个公司，对它的评价只是建立在他手中的投资记录上：格林为基金买入

的成本价格是每股10美元,而现在的股价是每股6美元。他立刻暴跳如雷,格林唯有为他解释。其后,弗兰克一而再再而三地对七棵橡树国际公司的股票表示不满,格林先生唯有发誓再也不投资这种不知名小公司,只抱定施乐和西尔斯这类众所皆知的大公司的股票。他终究是放弃了独立思考,选择"集体思维":只有跟大家一起选择相同的股票才能让投资组合更合理。对格林来说,他终于消灭了一个让客户不满的因素,可对弗兰克来说,他损失了一只10倍股。

七棵橡树国际公司正是投资天才彼得·林奇最看好的那种股票:没有名气、利润丰厚、名字复杂难懂。而弗兰克像"大家"一样,失去了一次获得巨额利润的机会。

在选择投资标的时要注意,别人没有说好的,未必就是不够好;自己没有听说过的,就应该通过自己的调查去确定它好不好。

做出投资的终究不是在身边指手画脚的"资深好手",也不是能从书里爬出来的索罗斯。独立思考非常重要,因为归根到底,是投资者在操作自己的资金为自己谋取利益。

我国的投资市场现在还有许多发展不足的地方,比如,中国的投资市场几乎是一个政策博弈的市场;发展得比较成熟的投资市场主要是股市,而股市中的上市公司却存在着许多缺陷,市场中赌博风气严重,投资者倾向于投机而非长线操作。

由于上述种种问题,所以投资市场经常处于看似火爆其实凶险的状态。投资者必须通过自己的调查和理解去判断什么时候、对什么项目进行投资最合适,而不是听身边那些"赚到钱"的朋友鼓动,冲动地把钱扔到股市中被深套。

虽然投资者需要警惕过热的市场,但也没有必要畏手畏脚。投资市场中毕竟存在着许多机会,我们该出手时就出手,认定了就去做,就可以获得投资上的成功。

大学刚毕业的时候,巴菲特曾经到父亲的公司工作,负责向客户们推荐增值的股票,然后从股票的盈利中抽取佣金。在熟悉了具体的业务之后,巴菲特就认真地研究和分析,选中了一支名为GELGO的股票,这是政府公务员保险公司的一只股票,他亲自跑到这公司去打探消息,了解了它的实际情况,做到了心中有数。

可是当他向公司提出购买意见时,公司内部完全不同意,认为他高估了这只股票的价值。巴菲特再次严密地分析了这只股票,计算出股票的毛利率可以达到5倍之多,从中获利是无疑的。于是他不再犹豫,在没有人相信的情况下,自己拿出10000美元购买了这只股票。

巴菲特的判断没有错,不到两年时间,这只股票就攀升了2倍之多,他也净赚5000多美元。所有人都非常惊讶,巴菲特却表示这是意料之中:"作为一名职业的投资管理人,我没有必要让任何人来左右我的思维。我要永远相信自己的判断,坚持自己的理论。我能看到的,别人看不到,所以我是投资的超前者,是真正高明的资金管理人。"

如果大多数人的想法都是对的,那么投资市场早就不复存在了。作为一个成熟的投资者,我们也应该对自己的判断充满自信,相信坚持独立思考、理性投资,就一定可以在市场中获得不俗的成绩。

不要相信任何所谓"内部消息"

2009年,电影《窃听风云》票房大获成功,电影的主题就是投资市场中的"内部消息":香港商业罪案调查科的三位调查人员,在调查某公司大股东的几宗内部交易以及造市案的过程中,被自己窃听来的消息所迷惑,选择了听从消息、利用消息,利用内部消息牟取暴利,最后一一走

上家破人亡的境地。

电影不同于生活,但毕竟来源于生活,想要取巧的投资者获取的消息未必是真的,而真的消息,也未必能带来收益。

炒股的李先生特别喜欢打听内部消息,从不缺席身边消息灵通人士的聚会和饭局,甚至有时候不请自来。他总说:"一个好的内部消息能够顶得上忙活几年的。"

功夫不负苦心人,终于有一天,一个朋友告诉李先生,最近医药板的某某公司股票会有情况,有大的操盘手将全力拉涨停,让他留心。李先生大喜过望,把全部的积蓄都拿出来投资了这只股票,并且还发动亲朋好友一起入手。

买过之后,李先生一心等股票大涨,等了半年,一点异动都没有。李先生有点着急了,他再次请教那个朋友,朋友回答:"耐心点,就快了。"果然,到了下一个星期二,这只股票一路攀升,到上午收盘时就接近出现了涨停,李先生开始为了自己得到的"内部消息"沾沾自喜,谁料只一顿午饭的时间,股票就开始走低,一路跌下来,到下午收市时非但没涨,总体上还跌了5个百分点,并且一路惨绿——李先生就此被套牢,天天看着手里的垃圾股发愁,耳边都是亲戚朋友的抱怨,只觉得追悔莫及。

投资市场中总是有许多"内部消息"令投资者困扰不堪,信呢,唯恐受骗;不信呢,又怕机会白白溜走。放眼我们身边的投资者,有多少为"某某股票即将连拉多少个涨停板"这样的内部消息而疯狂?但他们真的获利了吗?没有,正相反,他们成了庄家操纵股票的牺牲品。

巴菲特曾经说:"就算有足够的内部消息和100万美元,你也可能在一年内破产。"

到处收集"内部消息"是刚刚开始做投资的菜鸟的通病,这也是他们大多数人赚不到钱的原因。判断投资者是不是成熟的标准线,就是能否清楚地意识到内部消息的不可靠。

内部消息是不可靠，甚至是危险的，因为它有时候可能是个彻头彻尾的骗局。

2012年年初，南京玄武警方侦破了一个巨额非法集资诈骗案。某证券公司理财经理何丽从2009年开始，通过销售一份虚构的"内部理财产品"，从40多名客户处骗取了3600多万资金，在短时间内为自己添置了一套别墅、两套商品房和一辆宝马轿车。

何丽今年40岁，原是南京某国企职工。因单位效益差，她离开原职进入南京某证券公司当理财经理。她为人聪明上进，顺利发展了不少熟人做客户。何丽命运的转折发生在2007年。由于股市十分火爆，何丽也希望能分到一杯羹，她把大量的资金投入到股市，没想到2008年股市就发生了大动荡，让她血本无归。为了翻盘，何丽又借债400万再次入市，第二次赔个精光。债主很快逼上门来，何丽为了偿还，就动起了歪脑筋。

何丽发现，很多人找不到合适的投资渠道，是因为存款利率太低、股市风险太大、银行理财产品的收益率不固定、民间借贷容易资金链断裂。人人都很渴望一个安全有保障、收益率高的理财产品。利用人们的这种心理，何丽虚构出了一份"内部理财产品"，从2009年5月开始，用年收益率高达15%做噱头来吸引熟人。

当然，也有不少人曾质疑过这个产品的安全性，何丽解释说，这是一只"内部产品"，非常安全，公司最近接了一个央企的融资项目，收益率绝对有保障。而且，这种产品是专门供给内部员工做福利的，去公司打听不到。她叮嘱受害人三缄其口，称自己把收益这么高的"内部产品"拿出来卖风险十分大，如果被别人发现了，大家都没好处。于是，受害者们就这样满怀期望地"闷声发大财"了。而由于何丽的资金量很大，所以她可以轻松地拆东墙补西墙，兑付高额回报。

一直到2011年8月份，何丽的恶行才被人发现。她的一位同事无意中在她的电脑上看到了何丽制作的理财合同，并对超高的收益率产生了怀疑。一直到何丽被拘，她通过贩卖"内部消息"获得的非法利益已达数千万。被何丽骗到的人，大多数是老人和下岗员工。

投资者们在选择理财产品时一定要谨慎，现在很多打着"内部"旗号的理财产品、投资项目等都是虚假的。目前投资市场的理财产品，年收益率最高值为6%，超过这一收益率的理财产品风险过高，而且很有可能完全是骗局。

不要听信任何"内部消息"，在投资时选择正规的金融机构，在正规的柜台上操作，不要相信所谓的熟人，这不仅是一种投资观念，更是投资者必须具备的一种安全常识。

警惕权威，别跟着"专家"走错路

网络上把专家叫做"砖家"，因为现在越来越多的专家表现得越来越业余。可投资者进入市场进行投资，总是免不了要跟专家打交道。广播、电视、网络媒体中的理财投资节目越来越多，很多急于赚钱又完全不懂得投资的菜鸟们，都选择紧抱专家的大腿，把他们的话当成是航行中的明灯，结果往往是"阴沟翻船"。在这一方面受到过损失之后，有的投资者会记住教训，不再依赖权威，可有些人却认为是自己的操作有问题，继续跟着专家意见四处撒钱。

投资市场十分复杂，投资者要处于不败之道，就需要获取大量的知识和资料，所以权威意见是有其价值的。投资者要做的，就是分辨这些意见正确与否，并且采取行动。切忌被专家意见所左右，失去了自己的判断。

股票市场伟大的股盘操作手伯纳德·巴鲁克，一生中最惨痛的教训之一就是听信了权威。

1906年,巴鲁克听信了一位权威对咖啡即将大量减产的预测,虽然他对农产品方面一窍不通,他还是在商务期货市场买进了咖啡。可事实情况恰恰相反,当年的咖啡产量超过了之前的年份,价格一路下跌。在这时,巴鲁克已经产生了动摇,但是他被告知要坚持,于是便一直按兵不动,眼睁睁地看咖啡继续跌下去。不仅如此,他当时还犯了另外一个错误,就是在加拿大太平洋公司的股票不断赚钱的时候,出掉了这只股票,以筹钱去继续购买咖啡期货。

到巴鲁克最后终于卖出这些失败的期货时,他一共损失了七八十万美元,在这次交易以后,巴鲁克的身体就一直不舒服,并且把这次错误铭记终生。他承认,这次失败源于对那位权威的盲目信任,而没有对变化的市场加以分析。"那时候我就决定,再也不操作自己不了解的东西,而且一定要注意及时止损,盈利的不要急于了结。"巴鲁克自己总结道。

投资者应该学习投资中的那些智者,因为他们从不盲目听信所谓投资专家的建议,而是用自己的思维、经验去分析,结合专家的意见,认准之后再广泛撒网,最后达成自己的目的。对于权威,巴菲特的态度一向非常坚决:"绝不人云亦云,绝不盲目跟风,绝不丧失自己坚持的理念。"

在"权威意见"上跌跟头的大鳄非常多,包括索罗斯。他告诫投资者们,专注于自己的投资系统,小心跟着专家走错路,这是他本人的经验之谈。

东南亚金融危机的时候,亚洲金融中心之一的香港并没有受到什么实质性伤害。索罗斯认为,只要他乘胜追击,那么香港的金融市场一定会大乱,让他赚得盆满钵满。彼时香港刚刚回归,索罗斯担心中国政府会在他开始攻击后介入到这场资本战争中来,所以,在攻击香港证券之前，索罗斯听取了国际金融分析家们的意见。

而专家们一致认为，中国政府不会介入到这次商战中，因为香港是世界重要商贸自由港，中国不会让这个"自由港"的名号受到损伤。就此，索罗斯下定决心在香港市场上掀起一番风浪。

1997年7月中旬，港币突然遭受到大量投机性抛售，汇率急剧下滑，香港金融市场混乱一片，很多投资者都慌乱地撤消了对银行的投资，香港金融管理局果断入市，对市场进行了强行干预，暂时稳住了汇率。可随着以索罗斯为首的国际金融炒家不断对香港证券市场加强攻击，港币汇率再次失守下跌。香港金融管理局再次启用外汇储备，又一次把汇率稳定在了投资者们的心理关口上。

索罗斯没有就此罢休，不久之后，就开始对港币进行大量的远期买盘，分析家们对中国政府不会介入的预测是这个投机者的心理支持，他坚信自己一定可以像战胜英镑一样战胜港币。面对再度混乱的市场，香港金融管理局启动应急预案，尽全力稳住了港币兑美元的汇率，但还是被索罗斯的一系列攻击压得透不过气来。

就在这香港金融市场遭遇巨大考验的时刻，中央政府伸出了援手，当时香港和内地的外汇储量总值达2000多亿，这个数目，不是英国和东南亚诸国可以比拟的。索罗斯无力对抗中国政府和香港特区政府联手的一连串反击，最终落败，损失惨重。

世界上最精明的投机者为什么会把精力和金钱投入到一场不可能获得胜利的战争中来？因为他听信了权威们的意见。金融大鳄尚且如此，又何况是一般投资者呢？

我们应该记住，思考是十分重要的，在投资过程中，不可以不加思考地专家怎么说就怎么做，进行跟风投资。

当然，专家们的话也会有一些独到之处，可能是他们经过深思熟虑和详细分析后得出的专业结论，所以，我们也应该学会从其中提取一些有用的信息，以借鉴的方式来拓宽自己的视野。记住，遇到危机时，如果你一定要求助于某个人的话,那就应该去照镜子……专家不是万能,因为专家跟一般投资者一样,都不是预言家。

买入的最好时机是别人不感兴趣的时候

买入时机对于投资来说是十分重要的,有时甚至比买什么更加重要。在很多投资者眼中,根据追涨杀跌法,股票升值的时候就应该买入,股票要跌的时候就要立刻卖出。

投资市场中的赢家可不这样认为,股神巴菲特曾经说:"要在别人贪婪的时候恐惧,在别人恐惧的时候贪婪。"在他看来,买入一只股票的最佳时机,是别人不感兴趣的时候。

当然了,他这种逆市场投资的方法不止一次遭受过否定和抨击,但是随着时间的推移,业绩总会证明,巴菲特的选择才是真正明智的。

20世纪90年代,巴菲特曾经收购过富国银行的股票,这只股票以每股86美元的价格上市,但当时美国经济不景气,西海岸地区(富国银行所在地)的房地产和银行业业绩惨淡。很多投资者对于富国银行的上市持谨慎态度,因为富国银行是加利福尼亚地区银行业中,拥有最多商业不动产的一家,人们纷纷抛售富国银行的股票,甚至有人呼吁大家清空该股。

在这种股民急速撤离的情势下,巴菲特却开始陆续购进该股,用几个月的时间,逐渐掌握该银行流通在外的10%的股份,成为了该银行的第一大股东。

巴菲特的强势介入,引发了一场关于富国银行股票是否值得持有的争论。支持巴菲特的人,认为巴菲特一定是认为富国银行拥有很美好

的前景才选择买入,当前的投入,是为了日后更大的收益。可除了巴菲特及其支持者之外,其他所有的人都不看好该股,加州的费西哈巴兄弟达拉斯财务主管曾表示:"富国银行死定了,而巴菲特就是和它一起钻进地狱的人。"该投资人还说:"虽说现在料定富国银行会破产还为时过早,但是我认为它离破产不远了。"

只有巴菲特自己清楚他为什么选择富国银行进行投资。这家银行在1983年请来了深具理性和睿智的卡尔·理查德出任集团的董事长,理查德一上任,就决心要从根本上扭转这家死气沉沉的银行。基于对理查德能力的了解和信任,对该银行未来盈利能力的信任,巴菲特才会力排众议购进这家银行的股权。开始的两年,的确像很多人预料的那般,富国银行的股价不断下跌,但在1992年,随着宏观经济的好转,富国银行立刻咸鱼大翻身,股票迅速回升,至当年年底收盘,这只股票已经涨到每股137美元,为巴菲特的投资成功名单上再添一笔。

很多投资者都有严重的从众心理,投资喜欢跟风,往人多的地方扎。但在投资市场中,人多的地方却是危机四伏的地方。在股市上,很多散户都有过这样的遭遇:听闻一个不知哪里放出的好消息,于是一群人蜂拥而上,可是买入就发现被套牢了。其实这些消息通常都是庄家放出来吸引散户跟风购入的,因为这样,他们才方便高位出货。所以,理智的投资者应该记住,在别人不感兴趣纷纷撤离的时候,才是我们进入市场的最好时机。

彼得·林奇指出,买入股票的最佳时机就是你确信自己发现了价值可靠却价格低廉的股票之时,而在两种特殊时期下,投资者最有可能发现这种特别便宜的股票。

第一个时期,是每年年底投资者为了减税而卖出亏损股票的时候,也就是一年中股价下跌最为严重的十到十二月。在这个时期,机构投资者也喜欢抛售一些亏损的股票,从而使自己的投资组合看起来很干净,显得组合里的股票都是上涨的。如果投资者已经列出了一系列想买入的公司股票名单，只要其股价下跌到合理价位你就准备买入，那么年底就是投资者等待已久的良机。

第二个时期，是在股市崩盘、大跌、激烈震荡、直线下跌的时候，这种现象一般每隔几年就会出现。在这些时候，大部分投资者都会惊慌失措地选择卖出。在这时，只要我们能鼓足勇气保持理智，就可以抓住可遇不可求的投资良机。在市场突变时期，专业投资者由于过于忙碌或者过多束缚而不能迅速行动抓住机会，正是一般投资者大赚一笔的最佳时机。

投资产品的买入时机需要投资者自行思考，凭借自己锻炼出来的投资实力去判断。

在买入后，切忌过早卖出，虽然周围其他投资者的行为总会多多少少影响到我们的判断；同时，要小心煽动效应，不要理会股票经济人和理财师"卖出"的鼓动，因为他们需要的是我们买进卖出的手续费，而不是我们的高分红；最后，在找到发展前景更好的公司的股票后，尤其是当投资者手中持有的公司原来预计的发展前景不太可能实现的时候，再考虑卖出手中的股票，这样就能较好地把握住买进和卖出的时机了。

投资者要学会隐藏自己的弱点

投资市场很多时候能够暴露出人性，在这样一个瞬息万变、使人暴富也使人破产的地方，每个人的征服欲和贪婪都被最大限度地激发了出来。走进证券交易市场，我们可以轻易地捕捉每个人的弱点，而这些弱点，有可能带来我们投资上的失败。

投资者要想在投资上保持理智、保证盈利，就要战胜自己的弱点，克服过度乐观或悲观，学会止损和止盈。

所谓止损和止盈，就是尽量减小风险和尽量稳固收益。如何止损？即在赔钱的时候，尽量将赔钱的额度降至最低。如何止盈？即在赚钱的时候，及时把股票抛出，见好就收，换取能消费的货币。

想象一下，你被一只鳄鱼咬住了脚，又痛又怕，这时候你会怎么做呢？如果你试图用手去挽救你的脚，那么鳄鱼就会同时咬住你的手和脚。你越挣扎，被咬住的地方就会越多，受的伤就越严重。

那么你应该如何去做？如果你真的被鳄鱼咬住了脚，那你逃生的唯一机会就是牺牲那只脚，以换取身体其他部分的解脱。

普通投资者在买进的某只股票被套住后，会下意识地采取捂住不放的原始操作方法，把长期坚持持股叫做"长线持股"，结果往往要面对小亏变大亏的结局，不得不低位割肉解套。这时候的投资者，就是被自己的弱点所桎梏，没有尽可能减少自己的损失。

在投资市场中，止损的意识是必须有的，我们每个人都有走眼的时候。当投资者发现自己的交易背离市场方向时，应立刻止损，不要有任何延误和任何侥幸心理，否则，我们的资金很可能被崩盘的股市这条鳄鱼"吞掉"。

止损容易理解，毕竟谁都不想赔钱。但是止盈，需要投资者拿出强大的自制力。当我们在交易市场中挖掘到自己的金矿，并且一直获利、情形大好时，要抛出自己的股票，这无疑是让我们丢掉会生金蛋的母鸡。所以，很多投资者都忽视了止盈这个概念。

忽视止盈的重要性，就会出现我们在股市中常见的大起大落：时常听到某个人喊自己炒股赚了大钱，却从不见他把钱带回家。股市涨得厉害时，懂得止盈的聪明人早就出去了，只剩下一些贪心不足的投资者，最后不得不亏损离市。

止盈是投资者隐藏自身弱点的一个过程，但是没有必要过早止盈，以致于错失致富的良机。

赵丹阳是证券市场上的风云人物，拥有敏锐的嗅觉和极具前瞻性的眼光。早在2005年股市一片低迷时，他就做出了大胆预测：不久之后，中国会诞生一轮大牛市。果不其然，2006年上半年，大牛市应验前来。笼罩了股市5年的大熊市阴霾一扫而光，市场进入了行情高涨期，给众多投资者带来了增加财富的机会。赵丹阳也像大部分自信满满的股民一样，买进了大量的股票，准备大赚一笔，而股价也不负他的期望，不断上涨。

但随着股市的持续上涨，赵丹阳开始变得不自信了，他不知道这波牛市还能持续多久，害怕踏入盲目从众、非理性追涨的误区。彼时的赵丹阳十分矛盾，一方面，对金钱的渴望鼓励他继续投资，另一方面，对牛市前景的担忧驱使他尽快离市。谨小慎微的赵丹阳在全国大部分股民为股市狂热的时候，他却踌躇不定。

2007年年初，中国股市情形仍然大好，上证指数一路飞涨到了3000点。这时，赵丹阳认定已经估值过高，如果选择坚持，就与他一向的价值投资理念相冲突了，经过考虑，他最终选择了将股票抛出。他的这一决策令众多投资者吃惊不已，提前预知了牛市的人却在股市一片飘红的时候逃之夭夭了。赵丹阳认为，2007年，股市中最重要的事情就是对风险的控制，当前已经有很多股票估价过高，需要出仓了。

这一次，事实并不像赵丹阳所想象的那样。2007年4月，上证指数上升到3500点，国企指数达到了一万点，那之后，两个指标又分别蹿到6124点和两万多点，许多投资者在这一轮涨幅中身家翻番，赵丹阳受到了很多人的耻笑，他本人也对这件事十分懊恼。

过早的止盈是投资者缺乏自信的表现，会因此错失许多致富的良机。投资者在实际操作的过程中，应该学会随机应变，我们要记住，坚决

止盈是克服贪心的好办法,过度止盈却会丧失许多创造高额利润的机会。

在投资过程中应该如何避免过度止盈呢?

首先,投资者要有好的心理素质,做到自信勇敢,而不是过于内敛谨慎;其次,不要过于害怕风险,胜负乃兵家常事,只有不惧冒险,才能获得成功;最后,投资者要学会合理设置止盈点。

设置止盈点有一个简单而专业的方法,需要投资者注意到股市内短期股价上涨30%的情况,这个方法适用于手头资金庞大的投资者。另外,投资者可以确定一个关键时间,即时间到了某个关键点,在疑似一个上升周期即将结束的时候选择出仓。

投资者还可以凭借经验,自己制定止盈点,以此来隐藏自己的弱点,既谨慎又不过度保守,在保证资金安全的基础上,收获尽可能多的利益。

投资要专注,不要"吃碗里看碗外"

现如今,本科毕业生的失业率非常高,大学生就业已经是一个大问题。据调查,大学生的高失业率不是因为人力市场饱和,而是由于现在的年轻人在工作中太过浮躁冒进,对工作环境和薪酬往往有诸多抱怨,彼此攀比,总是认为别人的工作、待遇优于自己,因而心猿意马,吃着碗里看着锅里,没法踏踏实实做工作。

大学生若想顺利就业,就必须学会脚踏实地,学会专注。而专注这种美德,同样是成功的投资者所必需的。

曾经有一个懒人,他跟着邻居来到河边学习钓鱼。懒人像邻居一样投了诱饵，就开始看着浮标想入非非："这次钓上来的鱼如果都是金鱼就好了，把它们养活后，金鱼会生很多小鱼，这样，我就可以拿鱼到市场上换许多银两了！如此一来，就算不干活，我也能买洋房、娶老婆……"他想着想着，心里便急躁起来，恼恨地看着一点动静都没有的浮标。他开始不断地调换着鱼竿方位，但是并没效果。就在这段时间里，邻居已经钓上来一条一尺来长的大草鱼。懒人非常嫉妒，跑去向邻居取经："用同样的诱饵，在一样的岸边，为何你能钓上鱼而我不能？"邻居笑着说："做什么事情都要专注，心急吃不到热豆腐。我可以心静如水地看着钓竿，你却心浮气躁地乱动鱼竿，这就是为什么我能钓到鱼而你不行。急功近利是做事的大忌啊！"

急功近利是大忌，这是我们应该时刻牢记的。很多投资者都会犯好高骛远、这山望着那山高的错误，最后迷失在追求和放弃的途中。

"为什么我买的股票不涨呢？""我明明做全了功课，为什么我看好的股票不见涨呢？"这样的疑问，几乎每个投资者都听到过或者说过。如果是听到朋友这样说，我们可以拍拍对方的肩以示安慰，但如果是我们自己说出来的，那就意味着我们需要调整心态了。

冷静地想想，如果大盘疯狂下跌，所有股票都跳水，只有我们持有的股票没有跌幅，那我们还会抱怨"为什么我的股票不涨"吗？不会，因为跟别人比较，我们的情况已经足够好了。由此可见，摆脱了眼红别人的心魔，我们的心态就会健康很多。与别人频繁比较，总是眼红别人的收益，这种不健康的心态是造成投资者频繁换手投资的罪魁祸首。而这样浮躁的投资方法，最后一定会受到市场的惩罚。

投资者们与其把精力用在与他人攀比上，不如专注一点，全心去分析你选定的那几只产品，对它们背后的公司作出详细了解，最后确定一个合适的购入价格，安静地等待收益。至于股市上的其他股票如何，这与我们没有关系。

巴菲特一直坚持把有限的精力放到有用的地方，他除了关注商业活动外，对其他一切如艺术、文学、科学、旅行、建筑等，可以算是充耳不闻——因此他能够专心致志追寻自己的目标。从很小的时候，巴菲特就展现了对金融的浓厚兴趣，那时他最珍贵的财产就是一个自动换币器。10岁时，父亲带巴菲特外出旅游，小巴菲特选择到纽约证券交易所参观。在之后不久，巴菲特读到了一本名为《赚1000美元的1000招》的书，看完之后他说："我要在35岁之前成为百万富翁。"他把全部的精力都倾注在投资上，年仅二十几岁的时候，他就提前完成了这一目标。

巴菲特与世界首富比尔·盖茨是十分亲密的朋友，这两人交谈时有一个共识，就是从不把话题停留在一个他们不感兴趣的领域里。比起把精力分散到没有意义的事情上，这两个成功人士更喜欢把时间用在有价值的对话里。

有一次，巴菲特与盖茨一家一起用餐。餐桌上，盖茨的父亲问，人的一生中什么东西最重要？巴菲特与盖茨异口同声地回答："专注！"

专注是一种健康的心态，也是获得成功的关键。

在投资市场中，要把注意力集中在几只股票上是十分困难的，这需要我们有强大的精神和意志力，有泰山崩于前而不变于色的胆识，以及抵挡各种诱惑的定力。只有具备了专注这一宝贵的精神，我们才可能在进行投资决策时无往不利。

人心不足蛇吞象，既要股利又要股价非常便宜的投资人比比皆是。他们每天都过得十分忙碌，却总是把力气用在了不靠谱的地方，不肯下力气研究任何投资产品，一味地买进卖出，永远对手头的股票不满，最终不仅与碗外的美食无缘，还把碗里的也丢了。

所以，作为明智的投资者，我们一定要学会循序渐进，稳扎稳打，守好自己手中的，再思考进一步发展的方法，逐渐成长为一个理智而有原则的优秀投资人。

机会留给有心的人

"机会是留给有心人的"，这句话大部分人都听说过，估计有不少人还以这个为题目写过作文。可记住这句话容易，在生活中做到它却很难。

对于投资者来说，做个有心人更是十分必要的。只有在生活中处处留心，才能发现那些具有投资价值的璞玉，从而为自己带来更多财富。

20世纪80年代的电影《大红灯笼高高挂》，使很多观众记住了山西省祁县的那座历史厚重的老宅——乔家大院。之后许多江浙地区的富商都把投资目光放在了乔家大院这样的古民宅上。现如今，炒古宅已经成为了有钱人的新玩法。

炒古宅的富商基本上可以分成两种，一种是出于兴趣，想要把古宅当做艺术品收藏。比如艺术品投资中心的董事长邱学凡，他就收藏了8套古宅，其中一套在千年古镇江苏同里，是一座占地500多平方米的晚清小楼，有余秋雨的题字"汇贤泷居"。还有一个名叫陈金根的商人，从1993年开始，就在苏州园林设计院和同济大学几位设计名师的指导下，花费十数年在吴江市庞山湖畔构建着中国目前最大的私家园林——"静思园"，其中收藏着从江南各地乡间收购而来的各种古民居、古桥梁，总价值超亿元。

另一种炒古宅的富商属于投资型玩家，购买古宅再脱手，从中谋取利益。比如上海的职业古建筑炒房客梁兴，他有一只20人的古建筑投资队伍，专门在安徽、江苏、浙江一带寻找商机。2007年，梁兴在江西上饶旅游时，看上了当地一些工艺精致的古宅，他以每套30万人民币的价格吃进了三套，然后在半年后转手，每套净赚了80万。这之后，梁兴越玩越大，迄今为止，他做过的最大一单是投资500万买下了十多套清代徽商古宅，不久以前出手了其中的两套，为他带来了400万的利润。五年间，梁兴的身价暴涨，从100多平米的商品房搬进了价值超4000万元的别墅，原来的帕萨特也换成了奔驰600。

曾经有人细数过十来年间大部分投资者丢掉的致富机会：2001年，B市对中国开放引发大牛市；2003年，房价开始上涨，带来了炒房的黄金时代；2005年，继5年的大熊市之后，中国股票市场终于复苏；2007年，艺术品投资时代悄然到来；2009年，黄金价格持续上涨，黄金市场逐渐火爆……

其实，任何机会的到来都不是毫无预兆的，它们会从报纸新闻、专家分析甚至身边亲朋的话语里透露出来，只是这种信号总是被投资者们在无意间忽略掉。比如2001年，股民们对B市仅持观望态度；2005年，大部分投资者还在对市场持续悲观；2009年，许多人都一味沉浸在对黄金涨价的恐慌里，从而忽略了商机。

王林生祖籍山西，是所谓的"新上海人"。曾几何时，上海的房价也算是白菜价，而王林生就有幸遇到过："我那时候有机会花不到10万元买一套房。"

2000年年初，王林生换了工作，从黄浦区搬到闵行区静安新城，跟同事一起，租住了一套两房。其后半年，房东通知他们另行租房，打算把房子挂牌出售。为了减少售房成本，避免缴纳中介费，房东告诉王林生，如果他想买，那么房子可以以9.8万的价格卖给他，单价只有1360元/平方米。对比现在的价格，这简直就是白送，要知道，该社区现在二手房报价在1.8万—2万元/平方米之间。但王林生当时没有留心到这是个千载难逢的机会，他是个单身汉，买房的欲望不是很强烈，现在看来，如果当时买了那套房，无疑是抄了大底。

到了2003年夏天，在已经买房的同事的劝说下，王林生也打算买房了,但是房价的快速上涨让他感觉到有点纠结,他看中的一套二手房的价格已经上涨到了4500元/平方米。"要把三年的积蓄都用在付首付上吗?"王林生这样犹豫着,可就是这么一犹豫,房价已经再度上涨,不足几个月,他原来足够支付首付的积蓄就已经不够了,这进一步让他打消了买房的念头。最后,王林生选择了放弃。

事后,谈起自己错过的机会,王林生自嘲地说:"现在回想起来,如果我当时能果断决绝一些,把房子买了再说,那我现在已经是个百万富翁了。"

作为一般的投资者,可能没有太多机会跟大型上市公司接触,从而发现机遇;也没有精力阅读公司的财务报表和证券商的投资分析报告。但是不用灰心,机会不仅仅是蕴藏在这些专业性的金融资料里,一些社会事件和公共事件的消息,也是我们发现机会的关键点,顺势而为,往往会带来意想不到的丰厚收获。比如,在传染病横行的时候,医疗机构以及制药公司的股票总是会有不俗的表现;随着国人生活水平的提高,各种收藏品市场都会越来越火爆等。

总之,只要投资者做到细心对待自己的投资产品,留心生活中的投资机会并且牢牢把握,对自己的投资项目满怀信心,就一定可以成为投资上的有心人,比别人更接近成功。

正确的趋势判断是赢利的最有力武器

几个做投资的朋友凑到一起时,其中总会有一个对未来的趋势夸夸而谈,把哪一只股票马上可以暴涨、什么市场的投资黄金期即将到来分析得头头是道,俨然一副专家的模样。显然,这种"伪专家"的言论并

不可信,这样的预测行为也完全没有意义。

投资者需不需要对未来的趋势进行判断?当然是需要的。但是我们要注意,这里的"趋势"指的是我们未来的投资方向,而不是市场的发展方向。我们判断投资趋势,是在分析大环境、分析投资产品自身价值的基础上,对未来的投资方向和对象进行规划,而不是绞尽脑汁地预测市场走势——没有任何人可以预测市场走势。

郭台铭是一位杰出的投资大师,他在1974年建立了自己的商业帝国——鸿海塑胶有限公司。当时他的注册资金仅有30万,并且在创办初期就犯了一个严重的错误。但这并没能让郭台铭放弃自己的梦想,他重新寻找投资途径,经过细心评估,决定着手制作黑白电视的选台按钮。通过不懈的努力,两年之后,他的公司开始转亏为盈。这时的郭台铭并没有被成功的喜悦冲昏头脑,他对趋势进行了判断后,立刻从日本购买了设备以建立模具厂,以此作为日后发展的基础。

1988年,郭台铭迈出他人生中关键的一步,前往深圳去发展自己的事业。廉价的土地和劳动力使他大大降低了生产成本,不仅如此,郭台铭还借对外开放的黄金时期,大力招揽来华的潜在客户,比如迈克尔·戴尔。

1995年,戴尔访华,郭台铭想办法获取了驾车送戴尔去机场的机会。在途中,他邀请戴尔参观了他的工厂。生机蓬勃的工厂直接打动了戴尔,鸿海成为了戴尔公司的供应商。同年,郭台铭拿下了一块更大的地皮,发展成了后来的龙华厂。至2000年,郭台铭的公司已经有了近3万名工人,营业收入突破20亿美元。

投资者要在当前这个激烈又复杂的投资市场中生存下来,获得应有的报酬,就必须学会做出准确的选择。而良好的趋势判断能力,不仅可以帮助投资者拥有完善的预警能力,还可以帮助投资者在高风险的投资市场获得高收益。

投资哲学
Investment philosophy

要获得良好的趋势判断能力，首先需要投资者为自己制定一个稳妥的投资理念，要求自己只按预期的计划做投资，不受外界因素的影响，坦然接受投资结果。

其次，需要投资者养成善于思考的习惯。我们要学会用旁观者的视角思考问题，尽量做到思考全面，从而避免盲目性投资。

彼得·林奇说："专业的经济学家们不能准确预测经济趋势，专业的股评家们不能准确预测股市走势，那么业余投资者有多大的把握预测经济和股市呢？"他指出，虽然投资者不能预测股市和经济，却可以试着依据某些信息对未来的趋势进行判断。对此，林奇提出了一个很有趣的"鸡尾酒会"理论。

在股票上涨的第一个阶段——股市已经下跌了一段时间，没有人愿意预测股市的上涨——人们都不愿意谈论股票。即使有人走到一个基金管理人身边与他交谈，也会在搞清楚他的职业之后掉头走开。即便他们没有走开，也会把话题引到其他方面去，并且很快转过头去跟旁边的牙医讨论牙斑的问题。当大部分客人宁愿与牙医讨论牙齿也不愿意与一个基金管理人讨论股票时，股市就差不多要止跌反弹，是投资者计划做投资的时候了。

在第二个阶段，当酒会的客人得知基金管理人的职业后，会有些新认识的在他身边停留得稍久一些。他们会抱怨股市的巨大风险，然后继续扭身跟牙医讨论牙斑。没有人会注意到，从第一阶段到第二阶段，股市已经上涨了15%。

等股市上涨了30%时，第三个阶段到来了。基金管理人身边就会围上来一群客人，再没有人理会牙医的存在了。这些人会把基金管理人拉到一边去询问他们应该购买哪只股票，甚至连牙医也会凑过来询问。酒会里的每个人都在股市里投资了，而且乐于探讨股市未来的走向。

第四个阶段，客人们会再次簇拥到基金管理人周围，但这次他们是来告诉基金管理人应该买哪几只股票，甚至牙医也会给后者推荐股票。

过了几天，基金管理人看到了牙医推荐的那只股票的评论，而且它们的股价都上涨了。这时，股市已经上涨到了最高点而且即将下跌了，聪明的投资者应该着手止盈了。

对于资金雄厚的投资者，正确的趋势判断可以使他们的事业走向新的巅峰。而对一般投资者来说，正确的趋势判断可以降低损失、提高收益，使我们的财富得到扩充。

巴菲特曾经对他的股东们说："对于未来一年的股市走势、利率以及经济动态，我们不做任何推测。我们过去不会、现在不会、未来也不会预测。我们深信对股票或债券价格所做的短期预测根本没有用，预测本身只能让你更了解预测者，但对于了解未来毫无帮助。"

投资者们也要始终记住，预测对未来毫无帮助，正确的趋势判断绝不等于预测市场，不是让我们把投资变成投机，不是让我们跟着市场中的"内幕消息"和"权威意见"来回摇摆。投资者只有从现在做起，从理性投资、制定经济计划、学会思考做起，才能让未来的自己变得更富有。

不断学习是投资的最佳保障

投资市场中始终存在着风险，即使是巴菲特、索罗斯之类的投资大鳄，也不能保证自己永远只赚不赔。聪明的商人会用保险来保护自己的财产，聪明的投资者则会选择学习作为自己投资的最佳保障。

在20世纪的中国，技术是人民最推崇的。想要致富，就要学会一门技术，无论是做木匠还是做钳工，只要混得到一个铁饭碗就可以高枕无忧。而现如今的社会，科技才是第一生产力，各个行业的准入门槛都大幅提高。

投资哲学

投资者要通过投资扩大自己的财富版图，第一步就是要学会投资自己，不断学习，吸收知识。

一个年轻的皮包商人在自己的事业上获得了非常不错的成就，当他看到经营珠宝的商人可以赢得更多财富后，就有了改做钻石的打算，但他也很害怕失败，于是他去拜访一位钻石大亨。听完了他的疑问，那位大亨问这个皮包商人："你知道澳大利亚海域中有哪些热带鱼吗？"皮包商人对这个问题感到非常困惑，他不明白这跟钻石有什么关系。看他沉默，钻石大亨语重心长地对他说："做钻石生意需要有丰富的知识做基础。你对这颗钻石的来源、历史、种类和品质都不知道，就更不可能知道它的价值。而要知道这些判断钻石价值的经验和知识就要不断地学习和积累，至少需要20年。所有有关的知识都了解后，你才能真正培养出市场的眼光。"年轻人顿时惭愧不已。

福特公司的首席技术官刘易斯·罗斯认为，知识就像牛奶一样是有保鲜期的，如果一个人不能不断地更新知识，那他的职业生涯就会快速衰落。投资者必须不断更新自己的投资知识，才能经得住各种考验，使自己在复杂多变的投资市场中站稳脚步。

很多投资者在进行投资的同时还有自己的本职工作，在全日制工作结束返回家中后，会感觉非常疲惫，以至于完全不想阅读理财书籍或者是研究公司财务报告。这时候我们应该提醒自己，天下没有白吃的午餐，只有多努力一点，我们才能多收获一些。

虽然并非每个主动学习、愿意上心研究投资信息的投资者都能成为大赢家，但不肯学习、一赔钱就怨天尤人的投资者则是输定了的。

巴菲特的投资天赋不是上帝赐予他的，而是他本人博采众长、不断学习的结果。科班出身的巴菲特在大学毕业后仍然孜孜不倦地吸收着知识，一有空就去内拉斯加州的林肯图书馆阅读，他仔细地研究各种保险业文献资料和统计资料,对美国的保险业业务发展了如指掌。除此之外,他还收集了许多美国保险业中乏人问津的具体数据,这为他日后拓展业务打下了理论基础。

在巴菲特的一生中,对他影响最大的是他的老师格雷厄姆,在他身上,巴菲特学到了许多投资理论和财务管理知识。格雷厄姆曾教导巴菲特,在股市涨跌中要控制住自己的情绪,以此来更好地把握机会,巴菲特牢牢记住这一点,一生受用。

除了格雷厄姆,美国著名的经济学家菲利普·A.费舍也是巴菲特的良师。巴菲特在读完费舍的著作《普通股和不普通的利润之后》,对其十分推崇,想方设法地打听到作者的下落,当面向费舍求教了如何判断成功的长期投资,以此来获得更丰厚的利润。

巴菲特自己总结说:"我是85%的格雷厄姆和15%的费舍。"

投资市场风云变幻,投资者想要适应并战胜它,就必须持续不断地学习投资知识,这样才能更好地避开投资市场中的陷阱、降低风险。

投资者在学习知识的过程中,要有所筛选,跳出学术思维误区。不要把主要精力放在理论知识上,因为再多的金融学、经济学、保险学知识能带给你的,都未必比一个老股民告诉你的经验有用。也不要迷信市场理论,市场理论无法帮你预知市场走势。

有这样一个讽刺市场理论学家的故事,两个信奉市场理论的经济学教授在芝加哥大学散步,突然看到地上有一张10美元的钞票。一个教授打算去捡,另一个却拦住他说:"别傻了,如果他真的是一张钞票,早就被人捡走了,怎么会留在那里呢?"两个教授就此争论起来,这时,一个乞丐冲过来捡起钞票,跑到旁边的麦当劳买了一个大汉堡和一杯大可乐,笑嘻嘻地从两个教授身边走过。

那么,投资者应该学习哪些知识来保障自己的投资呢?

　　投资者在掌握了一定的学术知识，搞明白各种投资产品的实质和市场一般规律之后，就可以有选择地看一些关于投资大师的书籍，比如：《30部必读的投资学经典》、《巴菲特的投资哲学》、《彼得·林奇的成功投资》等。下一步，就可以尝试着把理论运用到实践中，逐渐摸索出一套适合自己的投资方法。

　　在学习的过程中，投资者要做到不迷信书本、不畏惧冒险，坚持同时从书本和实战中学习，长此以往，就可以更快地进步，成为市场中的赢家。

逆向思维——把冰箱卖给爱斯基摩人

　　投资者很少会在投资市场不景气的时候介入市场，也很少在市场特别火爆的时候离开，大部分时间，我们都跟其他大多数投资者一起赚、一起赔。投资市场的性质也就这样决定了我们的命运：赚得少，赔得多。

　　其实，投资就像是"要把冰箱卖给爱斯基摩人"，需要我们采用逆向思维。

　　"把冰箱卖给爱斯基摩人？"许多人听到这个要求估计会扭头离开，而云南的小伙子高弘源却给自己下达了这样一个任务，并且成功地完成了，现在成为了北极地区的一个名人。

　　2004年，高弘源大专毕业，进入北京的一家期货公司工作。他平时总能接触到一些专业且罕见的信息，比如印尼暴乱时粮油、大豆短缺，有人趁机大赚一笔等。2006年，高弘源接待了一位英国客户，这位客户告诉他，在北极零下20摄氏度的低温下，爱斯基摩人贮存食物的方法非

常简单:"他们剥掉猎物的毛皮,直接把肉食扔在地上,让低温把食物冻成冰。到做饭的时候,他们就要点燃动物的毛皮给食物解冻,每天都要重复这个麻烦的过程。"聊到高兴的地方,英国人脱口而出:"其实他们那里应该有个冰箱,这样就能喝到新鲜的饮品了。"

高弘源听后,脑中灵光一闪。他立刻去查找了关于北极的相关资料,制订了前往北极的路线,做出了"把冰箱卖给爱斯基摩人"的决定。他不顾亲友的阻拦,辞职出国,于2006年12月12日抵达温哥华,从当地购买了两台冰箱,准备用它们敲开北极地区冰箱市场的大门。

12月17日,高弘源顺利抵达北极,并且把冰箱送给了爱斯基摩人,向他们演示如何把饮料、肉放到已经调好温度(4摄氏度)的冰箱里。一开始,爱斯基摩人对他的行为感到十分困惑,可第二天早上,当他们发现冰箱里的食物并没有在低温中结冰时,全部兴奋了起来。

高弘源跟当地人进行了交流,得知冰箱也曾在他们这里出现过,可少数的几台因为这样那样的故障,并没有成功普及开来。

从北极回来以后,高弘源仔细地分析了这次出行收获的信息,第二天就到一家冰箱厂订购了60台大容量的冰箱。一个月后,他返回北极,挨家挨户地演示冰箱的用法,并且为他们修理有问题的冰箱。大概60天后,他卖空了所有的冰箱,带来的维修配件也全部用完。

这笔生意让高弘源赚了1915元,但比收益更重要的是,他竟然真的把冰箱卖给了爱斯基摩人!

逆向思维就是尝试其他人不曾尝试的事情, 到人群之外去寻找自己的宝藏。北极广阔的市场给高弘源提供了机会,而不断发展中的投资市场也在为我们提供着机会。就像史上最了不起的基金经理约翰·邓普顿曾经说过的那样:"投资往往需要我们多一点耐心,多一点信心,多一点逆向思维。"

1937年,邓普顿在美国经济大萧条时期建立了自己的公司,这家公司获得了惊人的成功,资产规模迅速增长到了3亿美元。其后,邓普顿卖掉了公司,建立了自己的邓普顿成长基金,在这之后的25年,他不断为自己的基金增值,在1999年被美国《Money》杂志誉为"本世纪当之无愧的全球最伟大的选股人"。

邓普兰是逆向思维的杰出代表,他选择在市场低靡的时候建立自己的公司、介入市场,因为他十分精明,要用最低的成本换回最高的收益。投资者想在投资中取得成功,也要学会逆向思维,不再做庸庸碌碌的蹩脚投资者。

投资者在投资的过程中,不要单纯地"以钱为上",要给自己树立一个明确的目标,或者一个想要达成的梦想,这样我们的思维才会更清晰,犯错的几率也会大大降低,从而有效地抵御市场对于我们的影响。

与此同时,谦虚好学对于我们同样重要。逆向思维并不意味着"唱反调",不是单纯的特立独行,而是要明确地判断出"逆向思维可以得出比常规思维更加正确的结论"。我们的思维可以逆向,但我们的投资绝不可以狂妄傲慢,投资市场里没有绝对的赢家,每个人都会跌跟头,姿态放低可以缓解我们未来可能受到的伤害。

此外,实践是最好的老师。就像把冰箱卖给爱斯基摩人的高弘源,如果他没有亲自去北极看一看,也没办法判定自己的产品是否有市场。当我们有一个与众不同的想法时,就立刻去尝试它。不要害怕投资错误,因为避免投资错误的唯一方法就是不投资,显然不投资是一个投资者可能犯下的最大错误。我们没有必要因为犯了错而耿耿于怀,更不需要为了弥补上一次错误而孤注一掷,一个错误能教会我们的经验,一定可以在未来带给我们更多的财富。

投资市场环境是不可能以投资者的意志来发生变化的,所以最聪明的投资者从来不试图改变市场,他们只改变自己的思维。学会逆向思维,才有机会成为市场中极少数的赢家。

第四章

敢于冒险，但不孤注一掷

投资需要谨慎，但不需要太过谨慎

投资市场中的骨灰级老手有时会发出这样的抱怨："越做越不顺手了！""越来越看不清应该投什么了。"很多新进入市场的投资者都会感到困惑：投资市场难道不该越看越明白吗？难不成老手的投资获益能力还比不上新手吗？

事实恰恰如此。相关知识储量和市场应变能力都强于新手的投资老手们，投资的结果却往往比不上刚刚接触投资的新手。原因很简单，在我们刚刚进入投资市场的时候，都会谨慎地对待每一次投资，全面地分析投资时机，并且获得不错的投资业绩。可经历了一段时间的市场打磨后，我们的警惕性就会逐渐放松，再加上取得业绩后产生的骄傲情绪，最终导致我们开始盲目投资——该投资的时候不投资，不该投资的时候却偏投资。

投资哲学
Investment philosophy

1969年，彼得·林奇进入富达公司成为了一名金融商品分析师。刚进入公司的林奇从没接触过投资市场，所以表现得非常谦虚谨慎，工作中的各种问题，他都先听取老员工的建议，再按照自己的想法去解决。这样谨慎的态度使他的业绩十分优秀。

1974年，彼得·林奇被升任为富达公司的投资研究主管。上任之初，他还能保持以前的做法，在谨慎的基础上，通过理性认真的调查研究去判断投资时机。但是过了一段时间，他就因为过于繁忙的工作而放松了对投资时机的调查研究，从而遭遇了他投资生涯中的第一次失败。

1975年，彼得·林奇决定收购达拉斯的一家钢铁公司，这一打算遭到了很多人的反对，因为这家公司生产技术和设备都相对落后，生产的产品质量也不是很好，加之国际炒家炒作钢铁，钢铁价格飞涨，使得这家公司的收购价格也偏高。已经失去了谨慎态度的彼得·林奇并没有识破国际炒家的炒作，他把钢铁价格的非理性飞涨误认成全球钢铁需求量增大的信号，力排众议收购了这家公司。结果，在接下来的两年里，这家钢铁公司非但没有给富达公司带来一分钱的利益，还使富达公司赔了将近300万美元。

不够谨慎就会导致投资的失败，就连彼得·林奇这样的投资大师也不例外。所以投资者们一定要戒骄戒躁，不能因为在投资市场中小有成就就洋洋得意，要时刻保持谨慎的态度，理性成熟地分析投资时机。

谨慎是投资者制胜的法宝，但是投资者没必要过度谨慎。格雷厄姆说："投资市场上最让人后悔的事情，不是你的投资没有收益或者投资失败，而是在你该投资的时候没有投资。"这可以算是他的经验之谈。

毕业之后，格雷厄姆进入百老汇街的纽伯克·亨德森和罗勃公司担任债券分析师。他十分努力，一天在公司上班将近14个小时，工作不到半年，他就获得了十分惊人的业绩。公司上层很欣赏他，将他提升为首

席分析师。格雷厄姆成为首席分析师后，仍然保持自己以前的工作激情，亲自审核每一个数据、每一个分析。这样的工作态度使公司发展得越来越平稳，却让格雷厄姆在谨慎的路上走得太远。他的投资风格和投资理念开始变形，变得越来越保守。他的业绩虽没出现大的下挫，却再也没有多少提高。

1914年，华尔街进入了前所未有的繁荣期，格雷厄姆在这时发现了一只很有投资价值的股票——纽约克莱曼保险公司的股票。这家公司的业绩增长在同行业中遥遥领先，市场布局十分合理且市场信誉度非常高。不仅如此，它的股票价格还处于较低的水平，有很大的升值空间。纽约克莱曼保险公司的唯一问题就是规模不够大，这意味着它的股票不具备强大的抗市场风险冲击的能力。格雷厄姆迟疑了，他反复分析这家公司的财务报表，迟迟不肯下手。他谨慎过了头，认为自己可以拿到一个更好的价位，他观望了一年，一年中，纽约克莱保险公司的股票翻了近两倍，并且还在上升。1915年，格雷厄姆终于下定决心购买了近1000万该公司的股票，谁知就在这时，华尔街进入了"和平恐慌期"，市场一片萧条。纽约克莱曼保险公司的股票正如格雷厄姆判断的那样，因为抵御市场风险的能力较差，股价一路下跌，很快跌破了发行价。这一次失败成为了格雷厄姆投资史中的重大失败。

其实投资就像是吃饭睡觉一样。人只要在该吃饭的时候吃饭，该睡觉的时候睡觉，就能保证健康。投资者面对投资机会的时候，要做到该投资的时候就投资，不该投资的时候就冷静观望，这样就可以提高投资的成功率。我们在发现投资机会的时候，要迅速作出判断，只要风险因素低于50%就可以出手投资，不要忽略风险，也不要过度谨慎。

投资者们应该牢记：不够谨慎会遭遇投资的失败，过分谨慎则会让投资机会在指间偷偷溜走，努力做到以下三点：

第一，该投资的时候就投资，不该投资的时候绝不投资；第二，投资前要广泛地听取意见，不要独断专行；第三，在已经错失投资机会的时候,不要盲目出手追赶。

保持谨慎的态度和果决的投资风格,在投资市场中理性地进行每一次判断,投资者就有更大的可能获得成功。

追逐风险是成功的第一要素

"投资有风险,入市须谨慎。"这句话在当今社会中可谓耳熟能详,可是前几年投资市场一片繁荣时,仍有许多人将它忘了个精光,盲目地跟风投资。直到金融危机到来,人们看着自己不涨反减的账户,才猛地从发财梦中清醒过来,重新记起了投资市场中风险的存在。

风险意识是投资者必须拥有的意识,投资市场中没有百分之百无风险的交易,投资目标越不被看好、投资者投入的资金越多,投资的风险也就越大。但是投资者也没必要谈"险"色变,毕竟,高收益总是伴随着高风险的。

索罗斯将追逐风险视为自己成功的第一要素,他是一个真正善于利用风险的人,就像有人曾经评价过的那样——哪里有危机,哪里就有索罗斯。索罗斯不惧怕危机,而是在危机中寻找良机。在他的一生中,几乎所有的金融投资行为都是在追逐高风险,而且绝大多数都取得了成功。

这位投资大鳄很善于在市场发展趋势还没成形时发现投资机会,并且果断将资本注入,以求得更大的收益。20世纪70年代,美国银行业普遍不被看好,连银行工作人员都被认为是又蠢又笨的。在所有投资者都对银行股票完全不感兴趣的时候,索罗斯通过细致地研究,发现高等商业学校毕业的学生已经成为了新一代银行家,他们为银行业注入了新鲜的血液,这些新的银行经理人正在积极寻找银行业陷入低谷的原因,不久的将来,银行业一定会呈现崭新的面貌,这显然有助于改变银行股票的前景。于是,索罗斯特立独行地买入了银行股票,果然,在经过了一段时期之后,银行股票开始上涨,索罗斯从中获得了50%的利润。

除了投资不被看好的产业,索罗斯还擅长挑战需要投入大量资金的投资行为。1992年,索罗斯发动了"打垮英格兰银行"的战役,在攻击开始之前,量子基金的首席交易员斯坦利·德鲁肯米勒曾经询问索罗斯的态度。索罗斯对他说:"这将是一次千载难逢的机会,承担风险就会财源滚滚,我们应当比平常的规模还要大一些。"索罗斯在这一役中投入了大量资金,成功狙击了英镑,一口气获利10亿美元。

承担风险总是令人痛苦不安的,可就是风险的存在,才促使投资者们的头脑始终高速运转,思维始终敏捷。

投资者必须有承担高风险的心理准备和过人的心理素质,否则将很难在市场中获得长久的、过人的成就。我们应该学会放平心态面对风险,甚至利用风险、追逐风险。没有人气的行业总是需要投资者冒险,但是如果能从这些行业中发现投资机会,就能获得难以企及的成功;需要大量投资的行业总是令投资者心惊胆战,但是如果获利,就是真正意义上的暴富,只投小钱就能身价上百万的地方不是投资市场,而是彩票投注站。

在投资的过程中,我们总会遇到各种各样的情况。在市场繁荣期,全民投资、傻子都会买股票;动荡时期,市场一片萧条,甚至会有股市崩盘或者金融风暴。在这整个过程中,就需要投资者保持心态的平和,坚持不跟风、不从众,理性而敏锐地分析投资时机。

学会追逐风险,而不是把自己置于风险之下。对于追逐风险的投资者,"逆市而动"是一个非常重要的思路。调查证明,人们对市场的预期会反作用于市场,即在发生金融危机或股市大幅下跌时,绝大部分的投资者都会对市场前景持悲观态度,时常会陷入一片混乱——无论投资者买什么投资产品都可能赔,但这时的市场也隐藏着获取利润的时机。

因为市场不会永远混乱下去,当投资者看到大众恐慌,或者敏感地察觉到市场已经进入一个低谷期，但它在调整并且上升期很快就会到来时，就可以出手投资了。这是"反射理论"的一种运用。不过投资者要注意的是，反射理论只能提供一个大致的方向，帮我们判断一个行业是否值得投资，却不能替我们确定我们购买的投资产品一定能赚钱。所以在整个投资的过程中，投资者最好逐步向里注资，始终留意观察，等确定其盈利能力之后，再确定投资比例。一旦发现情况不对，应立刻撤出资金，寻找下一次机会。

同时要注意，当市场陷入一阵狂热，无论买什么都来钱时，也许就要开始衰落了，在这时，投资者应立即给自己敲响警钟，随时做好抽身的准备。

不要对风险心怀抗拒，不要奢望市场永远是一副欣欣向荣的景象。很多投资者只喜欢平稳的股市，看到别人都投资才跟着投一点，一旦遇到金融风暴、股市崩盘，就会陷入恐慌之中，最终成为追涨杀跌的先头兵和金融风暴的牺牲品。

是时候扭转这种局面了，让我们学会在逆市中求胜，在风险中保持冷静的头脑，根据金融市场风向的变化改变自己的行为，自由出入于市场；让我们学会追逐风险，在可控制的风险中获得更高的回报吧。

不要拿你的全部家当去赌，豪赌不是倾囊下注

每个投资者进入投资市场时，多多少少都有些暴富的想法，希望投资市场可以一口气给予我们很高的回报。人人都想着"爱拼才会赢"，一旦赔钱了，就忍不住投更多的钱，陷入越赔越投，越投越赔的恶性循环里。

投资不是掰手腕，靠的不是力气和气魄，而是资金和脑子。投资者

们在高回报的巨大诱惑前应该努力控制自己、保持冷静，不要孤注一掷，以免输掉全部身家。

2006年到2007年，我国股市迎来大牛市，许多对股市一窍不通的人纷纷入市投资，甚至有人赌上了全部身家。孰料2008年，金融风暴到来，股票普遍下跌，许多人因此赔得倾家荡产，香港的刘先生就是这其中之一。

刘先生60多岁，从2006年开始购买股票，在股市中打滚两年多，逐渐输掉了30多万的退休金和积蓄，还有大笔银行欠债，最后只有申请破产。当被问及炒股经历时，刘先生说："我是听朋友的关照买股票的，他们说股票号码我就买。刚开始可以赚到一些生活费，后来听从一些'股票佬'的意见，起了贪念，把全部的钱都投进去了，最后输光光。"

做投资的时间长了，投资者总会有一种赌徒心理：越是输就越是想赢回来。就算输光了自己的钱也不肯罢手，通过向银行贷款、向朋友借钱还是要继续投资。这其实就犯了盲目投资、非理性投资的错。

我们应该始终记住，留得青山在才不怕没柴烧，不要把全部身家都赌在投资市场里，投资的前提应该是基本的生活有所保障。

索罗斯是出了名的爱冒险、爱豪赌。不看好他的人常说，如果哪一天上帝不再眷顾他让他赌输，那么索罗斯也会成为一个穷光蛋。但这样的假设并不会成真，因为索罗斯在每次豪赌之前都会给自己留有余地——他总是留下一部分资金，而非倾囊下注。这样的行为习惯跟他幼年的成长经历有关，也与他在1987年遭遇的股灾有关。

20世纪80年代末，华尔街爆发了令所有人始料未及的股灾，许多人蒙受了巨大了损失，他们在股市中苦苦挣扎，可最终还是破产收场。在那段时间，几乎每天都有投资者从帝国大厦的楼顶跳下来自杀。索罗斯也没有例外的受到了巨大的打击，但他并没有沉溺于自己的失误，而是及时认识到了自己的失误，积极地止损离场了。虽然这样的做法让索罗斯损失惨重,但不这样做,损失绝对不止如此。回想起当时的情形,索罗斯说:"那时我真的错了。因为我预料这场股灾会在日本出现,可最后还是算到了自己头上。我选择了止损离场,因为在我看来,生存才是最重要的,所以我选择放弃战斗。"

一次失败并没有打垮索罗斯,股灾结束之后,索罗斯回到股市中继续战斗,创造了一个又一个传奇。因为他好冒险的习性,所以他很容易蒙受巨大的损失,可因为索罗斯总给自己留下后路,所以每次损失之后,他总能加倍赚回来。这样的做法让他成为华尔街公认的"杠杆王"。

索罗斯经常打趣身边的投资者:"不要拿全部身家去赌,也不要放过任何一个能赚钱的机会。"把全部的钱都放在充满不确定性的股市中是愚蠢的。同时,因畏惧风险而眼睁睁看投资机会溜走的人是不能发家的。

明智的投资者在遭遇投资失败时,应该保持头脑的冷静,理性地分析自己的失败,而不是凭着一股冲动不甘,毫无目的地继续向市场中投钱。不要把时间浪费在懊恼自己的失败上,因为投资中,每个人都必定会犯错,一位股票大亨曾经说:"如果一个投资者有三分之一做对了,那么他就不可能亏损;如果正确率达到或超过二分之一,那他肯定能大赚一笔。"

在投资的过程中,看错了对象、不盈利甚至赔钱,都是正常的事,从操作的角度上讲,承认自己的错误并且及时改正,这才是在投资上取得成功的关键。

投资市场是个充满机遇的地方,它需要投资者勇于冒险和尝试,投资者应该学会把握身边的机会,仔细谨慎地调查好投资标的和投资时机,确定有利可图,并且有足够能力承担风险后,再果断出击,切忌犹豫不决,畏首畏尾。

想在各种投资中成为一个赢家,就要拥有敏锐的判断力、恰当的分析方式以及过人的胆识,在这些的基础上,投资者还必须有完善的自我保护意识和善于保护自己的能力。

做投资，去冒险，并不是鼓励投资者们铤而走险，连卷土重来的资本都赔进去。在冒险的过程中，我们始终要注意判断风险的大小，把风险控制在自身能接受的范围内，一旦发现投资前景不令人满意，并且自己判断失误，应立刻撤离市场，而非大势已去才开始止损。

我们要努力让自己成为一个聪明的投资者，而不是一个失败的赌棍，发现时机时要抓住，要敢下大注，但不要孤注一掷地押上自己的全部身家，以免遭遇挫折，丢掉东山再起的机会。

收益越高，风险越大

收益和风险是一对孪生兄弟，每天都被投资者和投资专家来回念叨。从理论角度来说，这是因为收益和风险形影相随，收益要以风险为代价，风险要靠收益来补偿。投资者投资的目的自然是为了获得收益，与此同时，自然免不了面临风险。关于证券投资的许多理论和技巧都是围绕如何处理收益和风险的关系展开的。

有很多人用"风险越大，收益越高"这句话来鼓励投资者们去探险，他们认为，有风险就意味着有商机，这其实是一种被粉饰过的盲目投资，一味地追逐收益而在一定程度上忽视了风险。

至于理性的投资者，他们总会提醒自己："收益越高，风险越大。"

洛克菲勒在投资石油工业以前，做的是农产品代销。在那时，一位照明方面的专家——安德鲁斯找到了洛克菲勒，说服他进入石油行业。年轻的洛克菲勒非常清楚石油业未来的暴利和风险，他在后来给儿子的信中写道："我拥有的东西越多，力量就越大。我很清楚一个道理，那就是收益越高，风险就越大。"石油行业造就了许多的百万富翁，同时也使许多人变成了穷光蛋。而洛克菲勒思考之后，还是投资了。

这之后，这位未来的石油大亨一头扎进炼油业，苦心经营，不到一年，炼油就为他的公司赢得了超过农产品的利益。洛克菲勒清楚地看到了石油业未来的前景，他准备继续干下去，却遭到了合伙人的反对。经过思考，洛克菲勒决定与曾经的合伙人分手。

这样一个决定无疑是十分冒险的，而洛克菲勒很清楚自己将面对的风险。在豁出一切大举进入石油业之前，他详细地对原油进行了调查，确认石油不会是一朵昙花。在确定原油不会消失之后，洛克菲勒正式跟他的合伙人摊牌，并且通过拍卖买下了石油公司，在21岁时就拥有了科利佛兰最大的炼油厂，跻身世界最大的炼油商之一。

生意场上和投资市场上的赢家都不是胆小鬼，他们可以清楚地看到风险下隐藏的机会，也不会忽略眼前的风险。在普通的投资者紧盯利益、不管不顾地一头扎进风险里的时候，投资大师们却会小心地控制、规避风险，尽可能用最小的风险获得最大的利益。

在收益和风险之间，是"收益越高，风险越大"，而非"风险越大，收益越高"。投资者可以把风险当做投资的指向标，但是绝不可以盲目地追求风险，变成什么风险大就投资什么。如果把投资比作一条鱼，那么投资的收益就是鱼肉，投资的风险就是鱼骨头，世界上没有只有肉没有骨头的鱼，也绝不该有为了吃肉拼命咽骨头的吃客。

鱼骨头是与鱼肉依附在一起的，风险也是一开始就存在并影响着收益的，所以投资者在计算投资利润的时候，不可以忘记估量其中的损失，为收益打个折扣。

20世纪末，是被人誉为"网络革命"的年代，也是互联网投资的黄金时代。随便几个美国名牌大学的学生、随便弄个报告、找几百万美元投资，再随便申请个域名、做个网站、再弄点人气，就可以变成前途无量的公司——哪怕他们一分钱也没赚，甚至正在亏损。投资者和投资公司愿意为任何冠有"互联网"名头的公司买单，就像是电影《大腕》里的精神病人，所有人都疯狂了，一个互联网新股上市后，股价可以瞬间暴涨几倍。没有人知道这些公司是做什么的，没有人知道它如何赚钱，人们只知道买了它就可以获得暴利。在这种心理的驱使下，美国纳斯达克指数在四年时间里暴涨四倍，在2000年3月终于达到顶峰。

同年4月，互联网泡沫开始破碎，股价暴跌，投资者开始抛售股票，却鲜少有人能收回成本，股市一片哀鸣，"股神"巴菲特却没有受丝毫影响，因为在互联网投资大热的时候，巴菲特一直在冷眼旁观，他成功地躲过了互联网风暴，在投资市场整体不景气的2000年，盈利了15.57亿美元。

高收益不是众口一词叫出来的，而是要通过投资者的判断和收益验证出来的。一时的高收益，不一定能带来最终的高回报。

在预想投资风险和挫折时，投资者不妨做最坏的打算。以投资股市为例，当投资者准备投资时，最好事先假设入市之后市场突然暴跌，自己的股票损失惨重的情况。然后投资者要问自己：我可以忍受基金跌到什么程度？我的工作和生活会不会因此受到巨大影响？如果投资者发觉自己的神经根本无法承受较剧烈的市场波动，那还是适可而止，选择另外一种适合自己的投资产品。

成功的投资者不会让风险或者收益牵着跑，而是通过理性的判断选择最适合自己的投资产品和投资时机。大胆筹划，小心施行，是投资成功的不二良法。

太过自信的投资者，往往会踏进自信的陷阱

投资者在进行投资时，都是在摸着石头过河，所以对于投资者来

说，自信十分重要。我们始终要把自己当成是刚来到河边的小马，不要听信老牛的意见以为水很浅，也不要被小松鼠的"水深论"给吓退。只是时间一长，无论是投资菜鸟还是老炒手，都会犯太过自信的错误，因为听不进正确的投资意见，致使自己在市场上一败涂地。

彼得·林奇进入宾州大学沃顿商学院后，开始关注投资市场，并在大二的时候尝试买了非常著名的A.H.维斯特医药公司的股票。彼得认为当时持续低迷了很久的医药板块已经处于蓄势待发的阶段，而他所选择的这只股票，属于医药业中的龙头企业，发展前景非常不错。A.H.维斯特医药公司创立于1943年，用24年从一个年销售额仅3000万美元的公司成长为美国第四大医药公司，年销售额达17.8亿美元。

就在彼得·林奇决定买入的时候，一个叫詹姆斯·莱宁的同学建议他再考虑一下。詹姆斯认为，医药板块在长时间冰冻之后，必然有一个解冻的过程，在这个过程中，会有更大规模的下跌。更糟糕的是，如果投资者抛售力度过大，医药股还可能迎来一个更难熬的"寒冬"。再看A.H.维斯特医药公司，该公司由于获利模式单一，所以发展潜力十分有限。加之其规模扩张速度过快，已经远超自身承受能力，所以一旦市场出现大波动，A.H.维斯特公司的股票必然大幅下跌。

彼得·林奇对詹姆斯·莱宁的分析不以为然，因为詹姆斯经常与他意见相左，而且经常做出错误的判断。彼得在詹姆斯面前拥有绝对的自信，甚至是自负。他把自己全部的积蓄都拿出来投资了A.H.维斯特公司，却遭遇了严重的打击。彼得·林奇购买股票之后，医药板块开始迅猛下跌。一切如詹姆斯所料，A.H.维斯特公司因为规模过大，资金运转出现了问题，失去了原有的抗跌性，不到两个月，该股票就下跌了80%。半年后，美国股市回暖，医药板块却因为长期表现不好而进入了更为漫长的寒冬。彼得·林奇将这只股票持有了近两年，最后只能割肉解套。

每个投资者对投资的看法和建议都有一定的合理性，我们想要尽可能地规避风险,就应该学会虚心接受别人的投资意见,哪怕这些意见与我们的理念不合,哪怕提出意见的人是投资市场中的输家。只有学会从各种意见中进行筛选,博采众长,才能少走弯路、少受损失。

新入市的投资者因为过度自信犯错,是初生牛犊不怕虎;在投资市场中沉浮多年的投资老手出现问题,则因为经验丰富而掉以轻心,所以在投资的过程中犯了太过自信的错误。

2002年,巴菲特留意到了有色金属板,他认为在接下来的5年内,有色金属板会成为引领投资市场的热点板块。经过仔细研究分析,巴菲特决定购买英国PIOLEM有色金属贸易公司的股票。在巴菲特看来,这家公司的股票虽然走势一般,但它的年报显示,其业绩在同行业中处于领先地位。更重要的是,巴菲特非常看重这家公司的业绩增长潜力,PIOLEM有色金属贸易公司在整个欧洲和东南亚地区都有不错的市场份额,其产品在市场上有非常不错的信誉。

巴菲特准备购买这只股票了,他的好友比尔·盖茨却对他说,这只股票的赢利能力并没有技术层面上分析的那样好。原来,盖茨很早就投资了这只股票,他发现,英国PIOLEM有色金属贸易公司的管理层并不稳定,且年报可能造假。巴菲特很信任比尔·盖茨,他立刻又仔细地研究了该公司的年报,却并没有发现问题。"股神"自信地认为,比尔·盖茨虽然是世界上最著名的商人,却不是世界上最杰出的投资家。比起盖茨的推测和意见,他更相信自己的研究和判断,所以他依然对英国PIOLEM有色金属贸易公司的股票进行了投资。这时,该公司的股票开始持续下跌,公司高层再一次出现震动——总裁突然宣布辞职。祸不单行,媒体又迅速爆出了英国PIOLEM有色金属贸易公司年报造假的新闻,一时间,这只股票直线下跌,最后这家公司申请了破产,巴菲特遭遇惨败。

投资市场中,投资者一定不能太过自信。太过自信会让投资者产生骄傲自大的思想,这种思想就是投资市场上最可怕的病毒。骄傲的病毒会严重误导投资者的判断力，使投资者做出错误的投资决定，输得血本无归。

彼得·林奇曾经说过："投资成功的秘诀就是谦虚、谨慎和自信，但不能太过自信。"投资者们一定要把握住投资的度，以更稳健持续的方式获得成功。

越是在冒险的环境中，越需要头脑冷静

投资市场是冒险者的天堂，在这里，同时兼备胆识和智慧的人就有可能收获财富。投资就是冒险，就是与风险展开较量，有的人在较量的过程中名利双收，有的人却在较量的过程中马失前蹄。区分成功者和失败者的是一项十分重要的素质：冷静。这一素质是每个投资者都应该拥有的。

罗杰斯很早就培养出了自己的冒险精神，他做事总是推陈出新、与众不同，拥有卓越的市场观察力。20世纪70年代，整个油气行业都不景气，天然气公司普遍得不到投资者的看好。罗杰斯却捕捉到了被人们忽略的商机，他经过分析发现，石油受国际局势的影响严重不足，油气价格必然上涨。他迅速投下大笔资金。1973年，中东战争爆发，国际油气价格一路上升，罗杰斯大赚一笔。

中东战争让罗杰斯积累了创业资金，他带着成功投资后的喜悦，毅然离开了量子基金。罗杰斯经过研究，确信石油供过于求，然而石油的价格继续攀高。油价肯定很快会下跌，所以罗杰斯决定卖空。不久之后，两伊战争爆发，由于全世界都在担心石油短缺，石油的价格开始狂飙。罗杰斯见情势不对，就像个刚出道的生手一样。急忙买回自己赔本卖空的部位，然后在一个高一点的价格时卖出。虽然石油的价格真的像罗杰斯原先预期的下跌了,却是在它继续飙升到高点后才掉下来——那时已经太迟了,罗杰斯早就出清自己的部位了。

许多投资者都有冒险的勇气和魄力,却没有在冒险中保持冷静的心理素质,很容易被投资中暂时的胜利冲昏头脑,在进行更深一步的市场研究之前就盲目投资;或者是被股市中不利于自己的情形吓得六神无主、惊慌失措,从而错过最佳的补救时机,陷入一错再错的尴尬境地,最后导致投资失败。

在我国,由于国情特殊,投资者在投资过程中要冒更大的风险,我们不仅要考察、分析上市公司的情况,也要冷静地理解、运用各种相关政策。

现如今,中国的投资市场还处于起步阶段,有诸多不完善之处:狂热和恐慌的气氛容易蔓延;市场内政策博弈严重,有人利用国家政策进行投机;上市公司管理层道德风险难测、信息公布不透明;投资市场投机性严重,环境恶劣等。投资者只有在这样独特的环境中保有冷静的头脑,才不会在冒险的过程中迷失方向。

巴菲特曾经说:"投资者要想获得成功,就必须克服情绪化这一缺点。我们必须冷静而细心地观察事实,控制自己的情绪,以期在充满诱惑的市场中保持清醒的头脑和判断力。"这位"股神"是华尔街众多冒险者中的领头羊,他的冷静、稳妥使他成为无数投资者的偶像。巴菲特反复向投资者们证明,带着脑子去冒险,才能获得最终的成功。

众所周知,巴菲特非常擅于"人弃我取",从无人问津、风险巨大的行业中寻找机会,比如说投资股价被低估了的中石油。2007年,巴菲特造访大连,现身于他参与投资的辽IMC国际金属切削(大连)有限公司的开业仪式。在仪式结束后,被媒体问及他对中国股市的态度时,巴菲特表现得非常谨慎,完全没有受2007年中国股票热的影响,在他看来,中国股票市场已经过热。巴菲特告诫投资者们,不要为眼前的利益所主宰，要保持头脑冷静，认清股票的真实价值，仔细评估自己的投资："当很多人对股市趋之若鹜，报纸头版总是在刊载股市消息的时候，就是我们应该冷静的时候。"

巴菲特的言论在当时遭到了很多人的嘲笑，有人说他不了解中国国情。但到了2008年，这些人却都笑不出来了。"股神"的话一语成谶，股市崩盘，许多来不及撤离的股民不仅把2006年到2007年在股市里赚的钱全部赔光，有些人甚至血本无归把自己逼上了绝路。

投资者要收获，就必须不畏惧冒险，在冒险的过程中，紧握冷静的保护伞，努力做到：

第一，投资前，头脑必须冷静，尤其是遇到意料之外的情况时，更是需要保持冷静的头脑。

从众心理是不能帮投资者站稳脚跟的，因为大部分投资者很容易受到"专家"、"权威"的影响而人云亦云，盲目追求眼前的利益，顺应当前的行势集中投资某几种行业，进入追涨杀跌的误区。

投资者在投资以前都镇定自若，可一旦股价上下波动就开始不知所措。在遇到问题时，冷静全面地思考出路，才是解决危机的正确途径。

第二，骄兵必败，不要被胜利冲昏了头脑。

人最难战胜的就是自己。在别人为投资失败痛哭的时候，我们可能正为冒险换来的财富微笑。可如果投资者一味沉浸在昔日的辉煌中，忘了给下一次投资做准备的话，很快就会成为痛哭的那一个。

投资市场每时每刻都在发生着变化，永远不要用过去的成功来预测未来，要时刻保持头脑冷静。

第三，时刻关注市场的波动，同时也要有"以不变应万变"的本领。

投资大师们能抓住旁人忽视掉的机遇，是因为他们会筛选有升值空间的"廉价股"。冷静地分析、寻找到那些价格被低估了的股票并且抓住它，我们也可以成为投资市场上最聪明富有的冒险者。

把握好止损的最佳时机

投资者每天都面对着巨大的压力,就连索罗斯那样的投资天才也会担心自己"某天醒来被告知破产"。我们要有效地保障资金安全,学会止损是十分必要的。

止损是投资者应该为盈利做的基本工作,道理说起来简单,要做到却很难。一方面,投资者要战胜自己的赌徒心理和贪婪,该离场时就离场;另一方面,投资者也要小心把握止损时机,自信、不慌张,最大限度地降低损失,保留实力。

香港投资大师曹仁超现在的身家亿万,有15%来自工资,剩下的85%都来自投资。很少有人知道,他投入市场的第一笔资金,只有5000元。

1968年,曹仁超除了打工之外还兼职数份差事,辛辛苦苦地攒了5000元,都在1969年投入到股票上。一开始,曹仁超的投资非常顺利,很快就有了50万元。但在1973年的股灾中,曹仁超并没有及时退出市场止损,这导致他的本金严重缩水,50万元到最后只剩10万元。

在这之后,曹仁超又曾数次在市场中暴富、破产,他逐渐总结出了一套"止损不止盈"的原则,这个投资原则帮他成功逃过了1981年至1982年的熊市。

及时进行止损是非常重要的,它可以帮助投资者尽可能保存实力,改日再战。投资者要学会把握止损的最佳时机,既不过早止损造成短线操作,又不过晚止损带来太大损失。在进行操作的过程中,要注意以下几种不适合止损的情况:

一、在上市公司基本面没有发生明显恶化的情况下,历史低价区的价码不宜止损。面对这类股票,一旦发现大盘下行,投资者最好大胆补仓。

二、上升途中的个股不宜止损。根据波浪理论,一个上升浪是由五浪构成的,其中一、三、五为上升浪,二、四为调整浪。当上升过程中股价下跌,投资者应该辨认出它是一个上升调整,把握进货机会。如果止损,则会导致收益减少。

三、高位下跌不放量的个股不宜止损。如果投资者遭遇股票无量下跌被套,不要太过惊惶,因为庄家出货往往要在多次反复中完成,在这时候,投资者一定要有耐心,等待庄家下一次拉起,届时再解套出局或者少亏一点出局。尤其是对于一些小盘股和涨幅不是特别大的股票,在一段时间的沉淀后,庄家有很大的可能再度把股价升高。

1987年的股灾是无数投资者的噩梦,可著名金融炒手马田·史华兹却通过及时止损逃脱了倾家荡产的命运。史华兹在投身职业炒家的行列之前,长年累月的输钱,在开始做期货之后,他才找到了扭转劣势的方法。对史华兹来说,成功的重要因素是风险管理,每次他面对重大亏损都会大幅降低入市头寸,能够赢钱时就果断理性追涨。史华兹强调,入市之前必须要经过缜密的部署,在操作过程中如果出错,就要极早认错以保存实力,等待另一个入市机会。平仓认输,并不是多么痛苦或者困难的事。

1987年股灾之前,马田·史华兹持有多头头寸,当他听到财长贝克周末的讲话时,就知道大难临头了。10月19日星期一,股灾当日,CME的S&P指数期货市场12月份合约最高价为269,史华兹在267卖出手上所有合约,输掉了21万美元。该合约当天暴跌80.75点,以201.5点收盘,跌幅达28.6%。史华兹凭借自己过人的风险意识及时止损了,其他投资人士却仍然在增加买进,最终损失巨大。史华兹说:"我在海军受到的训练对我帮助很大,在受训期间,我学会了在任何逆境中都要保持头脑清醒。每当我遇到困难,都会注重防守,先稳守,再伺机出击。"

要及时、理性止损,投资者就要学会根据不同的情况,选择不同的止损方法。止损方法包括:

第一,预期止损法。投资者如果没有达到预期目标,就要考虑退场。即只持正确的仓位,在市场没有告诉你"你买对了"的时候出局,而不要等市场告诉你"你买错了"的时候再离场。

第二,技术止损。技术止损需要专家型的分析师,利用数据和公式来预测未来市场走势和止损时机。

第三,时间止损。时间止损比较少用,即通过牺牲大量时间来等待大行情。时间止损是根据交易周期来设计的,主要出于对资金利用率的考虑和对预期的怀疑。简单来说,如果我们买入后两天没有出现上涨或者上涨幅度未达到某个特定涨幅,就立刻进行止损,当然,出现亏空的话更要马上止损。

第四,资金止损。即设定最大亏损限制,给操作限制最大亏空的幅度或总资金亏空的幅度。

第五,突变止损。即价格突然发生较大的变化,投资者应摒弃幻想,及时斩仓出局,第一时间止损,保存实力,择机再战。

止损的方法种类繁多,但真正有效的止损一定是有机整体。投资者要根据自己的操作风格以及每次操作面对的具体情况,对止损方法进行灵活地分析运用,从而形成适合自己的止损方法。我们一定要记住,在任何时候,保本都要放在第一位,盈利只是第二位的。在投资市场上,没有永远的赢家,及时止损就是胜利。

冒险,但绝不盲目

"撑死胆大的,饿死胆小的",这句话说的并没错。它不仅提醒投资者在投资的过程中要有胆识、敢冒险,更提醒我们——就算是吃,也要搞明白自己在吃什么。在美食的海洋里甩开腮帮子大吃是冒险,逮着什么都往嘴里塞,就是冒进。

关于冒险和冒进的关系,有这样一个小故事:一个人请教一位哲学家:"请问什么是冒险,什么是冒进?"哲学家回答:"假如有一个山洞,山洞中有一桶金子,你想进洞把金子拿出来。如果那个山洞是个狼窝,你就是在冒险;如果那个山洞是个虎穴,你就是在冒进。"这个人若有所思。哲学家又说:"假如山洞里只有一捆柴,那么就算山洞是个狗洞,你也是冒进。"

投资者应该分辨清楚,冒险是让我们经过努力去获得值得的东西,否则就是盲目愚蠢的冒进。在进行投资之前,我们一定要问问自己:我的目的是什么?在这个时机投资是否合适?我能够承受最坏的后果吗?这个风险值不值得我去冒险呢?只有这样,我们才是有目的、有价值地冒险,而不是浪费精力地冒进。

风险意识是一个投资者所必须具备的,但是这并不意味着投资者要漫无目的地往风险里扎。我们需要一双慧眼来分辨社会中存在的各种商机和投资机会,衡量他们的风险和收益,再有方向性、有计划地进行冒险,否则就是在拿钱买刺激,伤心伤神也伤财。

段厂长是一家食品厂的厂长,工厂刚刚步入正轨,段厂长就寻思着上马一些新项目。他平时很喜欢读书看报,知道很多专家都提倡企业经营多元化,便也想做做"多元化",办一个服装厂。他的这一决定遭到了厂里管理层的一致反对,大家都认为贸然投资其他产业太过冒险,而且厂子刚上正轨,资金并不充裕。段厂长却固执己见,他说:"冒险才能获得高收益,本本分分地运营,工厂不会有大发展。"最终,服装厂被办起来了。结果,由于段厂长之前从没搞过服装生产,对服装行业全无了解,在食品行业积累的经验又完全用不上，导致服装厂的运营存在很大的问题，不到一年就败下阵来，还拖累了主业，使食品厂周转不灵，遭遇破产危机。

盲目冒险，只会被风险耍得团团转。对于冒险这件事，投资者既不能草率，也不能怯懦，而是要学会与"险"共舞，聪明地冒险，成为市场中的赢家。

特纳是个不甘平庸、极具冒险性的人。在创办CNN之前，他已经是美国第一个通过卫星播放有线电视的老板，在亚特兰大拥有一家"超级电视台"。但特纳意识到，他的电视台根本没法与美国的三大广播电视公司相提并论。他心有不甘，苦苦寻找进一步发展的机会，最终把目光落在24小时电视新闻这个空白的领域，决定建立一个24小时的有线新闻广播。

这个消息一经放出，就有许多朋友前来阻止特纳。这些朋友很清楚特纳的冒险精神，但是再强大的精神也不能改变经营电视新闻是砸钱买卖的事实。即使是三大广播公司也只经营播放时间十分有限的新闻，这是因为电视新闻的制作费用太高，一条中东地区热点新闻的报道成本，远高于一个普通美国家庭的年收入。三大广播公司每天只播几小时的新闻，每年尚且亏损1.5亿美元，特纳要搞24小时的新闻频道，无异于蛮干。

在一片冷漠和不信任中，特纳并没有退缩，经过辛苦的筹备，24小时电视新闻网CNN终于在1980年6月1日正式成立。为了提高CNN在民众心中的地位，特纳提出，CNN要和三大电视网一起加入白宫记者团。

当时，三大电视网凭借雄厚的实力和老牌的资格，利用各种借口阻挠CNN进入白宫记者团，白宫方面对CNN也完全没有关注和了解。为了能把自己的梦想变成现实，特纳又开始冒险了，他向法院提起诉讼，起诉白宫设立记者团违反了《公平贸易法》。他甚至起诉了当时的总统里根、白宫办公厅主任贝克和国务卿黑格。特纳为了自己的冒险做出了许多努力,在起诉之前,他查阅、研究了美国法律,对赢得这场官司满怀信心。果不其然,8个月后,特纳胜诉,CNN在白宫记者团中赢得了一个高级记者的席位,CNN成为了与三大电视台齐名的电视新闻网。

冒险是投资者的本色。马克思曾经说过:"如果有20%的利润,资本就会蠢蠢欲动;如果有50%的利润,资本就会冒险;如果有100%的利润,资本就敢于冒绞首的危险;如果有300%的利润,资本就敢于践踏人间一切的法律。冒最大的险,赚最多的钱。"

我们进行冒险,必须要在合法、有目的、有计划的前提下,否则,冒险只会给投资者带来一次又一次打击。投资者如果没有做好与风险搏斗的准备,就别把资金投入在高收益的投资领域;如果还没搞清楚自己为什么要冒险,就干脆不要投资。

在别人贪心时要保持谨慎

"在别人贪婪时恐惧,在别人恐惧时贪婪。"股神巴菲特的这句话很多投资者都会说,但会说不一定会做。当然,也有些投资者做了,可做着做着就感觉自己损失了很多暴富的机会,坚持不了几天,就被打回原形了。

单纯因为别人总说"在别人贪心时保持谨慎"就依样学舌,那这句话对我们来说就毫无意义。要想从这句话中获得更多的投资智慧,我们就要问问自己:巴菲特为什么这样说呢?

在北极,有一种叫做旅鼠的哺乳类小动物,它们体形椭圆、四肢短小、尾巴粗短、耳朵很小，比普通的家鼠要小一些。旅鼠的繁殖能力很强，一对旅鼠在后代没有死亡的情况下，一年时间内可以繁殖出一百六十多万只后代。所以在极短的时间内，鼠群的规模就可以变得极其巨大。大量的旅鼠很快就会消灭掉它们所在区域的所有食物，随即为了生存，他们不得不向外迁移，成群结队地去"旅行"。在旅途中，后面的旅鼠总是紧紧跟着前面的跑，直到最后来到悬崖边。前面的旅鼠往往因为收不住脚而跌落悬崖，后面的旅鼠呢，它们只是盲目地跟着前面的，即使发现是悬崖，也会毫不犹豫地跟着跳下去，形成壮观的集体自杀场面。每隔三四年，旅鼠们就会集体出行，义无反顾地冲下山去到达"天堂"，谁也拦不住它们。

从众心理是非常可怕的，人的贪念就像是喷嚏一样可以被传染。投资学家们认为投资者中存在一种"羊群效应"：在羊群中，牧羊人只要驱赶领头羊，就可以控制整个羊群。投资市场中的投资者就像是一群羊，散户跟着小机构走，小机构跟着大机构走，只要能判断出大机构的态度，基本上就能判断市场火爆与否。

一次又一次，投资者就像是着急迁徙的旅鼠，一心想得到更多财富，闭着眼睛跟着大多数人乱撞，即使看到了悬崖也不肯停下，带着多年的积蓄进入投资市场，最后搞得血本无归。

这就是为什么我们要在别人贪婪时保持冷静，市场中的贪婪很可能引发毫无道理的群体效应，所有人都疯狂买入、都幻想发大财。而零和博弈的投资市场中，大部分人赢利的结果是不可能出现的，投资的结果只可能是大部分人赔钱，小部分人暴富。当多数投资者都十分贪婪时，股价就会被不断捧高，股价越来越高，就会进一步引发投资者的贪婪，带来另一波疯狂买入……如此恶性循环，直到泡沫破碎、跟风的投资者蒙受损失。

巴菲特从1956年开始进入投资领域，至今已经过了57个年头。在这

投资哲学
Investment philosophy

段漫长的时间里,他曾经历过四次对全美产生重大影响的大牛市。令人惊奇的是,在这些大牛市中,巴菲特无一例外地选择退出股市。

1964年到1967年,美国股市升温,涨幅超过40%,股指突破1000大关,日平均交易量是上个十年的6倍。投资者们陷入一片狂热,因为任何一只股票,无论它背后的公司经营状况如何,只要买入就会获得极高的收益。在大部分人都磨拳擦掌要大赚一笔时,巴菲特却为再也找不到便宜的股票而苦恼,虽然买哪一只股票都会赚,可这种方式只适合做短期投资的人。经过考虑,巴菲特决定卖出公司持有的所有股票,退出市场。很多人为他感到惋惜,无法理解他的行为,可一年后他们才发现巴菲特是对的。1978年,股市大盘开始猛跌,半年时间就从1000点跌到800,第二年跌到1967年前的水平。

到了20世纪70年代初,第二次大牛市来了。巴菲特认为这次牛市是上次的延续,他静待时机,等到1973年所有股票又开始大幅下跌时,才开始大量购进股票,在几年后的大盘调整中,这些股票让巴菲特狂赚80%。

第三次大牛市出现在20世纪80年代,1984年到1986年,美国股市狂涨2.46倍。巴菲特还是没有参与到里面,反而从1984年就开始抛股票,到1987年大牛市彻底建立起来时,巴菲特基本上卖光了他所有的股票。10月19日,股灾到来,在大部分人都为股票下跌愁眉苦脸时,巴菲特正悠然地喝咖啡看新闻!

第四次大牛市是在网络和科技公司的推动下到来的,20世纪末,美国股市上涨了将近2.5倍,人人都买互联网股,可巴菲特却对高科技股不感兴趣。当时他的收益率只有不到0.5%,这让他受到了许多股东的质疑。巴菲特岿然不动,而事实再次证明了他的明智,进入2000年,股市开始持续下跌,互联网股遭遇滑铁卢,巴菲特却赚了10%,成为了笑到最后的赢家。

当其他投资者都过于贪婪时,明智的投资者就要保持谨慎、避免跟风行为和侥幸心理,不要被其他意见干扰。对于我们既了解又有信心的股票,要坚持长期持有,对我们不熟悉又不了解的股票,要谨慎把握。

投资者应该始终牢记三个重要原则:第一,必须有坚定的态度。进行投资时,不能看哪个行情好就买哪个,判断投资产品的质量绝对不能通过暂时的行情。第二,投资不要痴迷短线。做短线的人不是投资,而是在赌博投机。第三,要坚持独立思考。没有人会手把手地教我们如何投资,要赚钱就得靠自己。

投资者应该以谨慎的态度在市场中寻找真正适合冒险的机会,拒绝成为羊群里的跟风者,聪明地识破市场上的各种假象。

胆大心细永远是法宝

我们形容一个人胆子大常会用"吃了熊心豹子胆"。豹这种动物,除了胆子特别大以外,心也非常细,可以说是相当精明。比如,豹子在捕食时,会有意识地选择一些比较有价值的猎物。它的心中非常清楚,追捕一只兔子、一只羊或者一只鹿需要消耗同样的热量,那么在"成本"相同的情况下,自然要选择物超所值的猎物。

投资者在投资的过程中,也要做到胆大心细。胆大自不必说,高收益必定与高风险相伴而行,没胆子冒险,就不可能赚得盆满钵满。与此同时,心细也是投资者不可或缺的一项素质,出色的投资者字典里不该有"无意间""一不小心"这样的词汇,因为在瞬息万变的市场中,一不小心就可能意味着上千万的损失。

巴鲁克是美国总统的投资顾问。有一次,他决定买进曼宁出版公司价值1000万美元的股票,并且打算把它的股票当成他未来主要的投资对象,因为他认为曼宁出版公司将成为美国最大的出版公司。

但巴鲁克忽略了一个细节,当时的图书行业虽然正处在繁荣期,却已经受到了多方挑战。此外，他还忽略了一个更致命的细节。巴鲁克购买的是曼宁出版公司的优先股，这样不仅可以获得分红，还能以每股兑换价值62美元的普通股票。也就是说，巴鲁克有权以62美元的价格优先换取曼宁出版公司的普通股票。一开始，曼宁出版公司的股价冲上70美元的价位，巴鲁克为自己的独具慧眼然是得意，可还没等他得意完，该股的股价就突然跌至4美元左右。

巴鲁克虽然懊恼，但并没有惊惶，因为一般来说，在股价下跌时，持优先股的股东承受的损失会比较小，因为可以获得一部分现金分红，并可以在股权到期后把原始投资折换成现金。问题是，在巴鲁克与曼宁公司签订的合同里规定，他的红利支付方式是以60美元的价格兑现新的优先股，而不是现金支付方式；不仅如此，曼宁出版公司还有权要求巴鲁克将优先股以62美元的价格退换成普通股。也就是说，在股票暴跌的时候，巴鲁克却连一分钱现金都兑不出来。这样一个重大的失误，只是因为巴鲁克在签合约时太过粗心，没有仔细考虑市场形势、认真阅读合同，这个"一时大意"导致巴鲁克在这项投资里直接损失1000万美元，成为他投资生涯中的重大失败。

无论在投资中还是生活中，胆大心细都是一种非常重要的素质。胆大意味着投资者可以发现更多更好的机会并且将之牢牢把握，心细则可以让投资者尽可能少犯错，以免酿成千里之堤溃于蚁穴的悲剧。

投资市场的确是一个赚钱的地方，但做短线投资赢钱并不是真正的聪明。相反，只有做长线投资，经得起市场的考验，才能真正赚到大钱。投资者对自己的第一笔投资一定要格外用心，如果我们的第一次投资以失败告终，那我们的自信就会严重受挫，感觉市场中前有狼后有虎，在未来的投资中畏手畏脚。当然，在第一次成功投资后，我们也不能盲目乐观，而是要保持胆大心细的态度，一步一个脚印地赢得成功。

2011年，招商证券举办了一次中国股市实盘投资大赛。在1月的正赛中,一位刘先生获得了周收益18.60%,月收益63.62%的骄人战绩。而刘先生能取得如此丰厚的收益,离不开他胆大心细的投资风格。

首先是胆大。在比赛期间,大盘持续震荡,证券市场形势不容乐观,大部分股民都抱观望态度。就在这种情况下,刘先生却通过对国家"十二五"规划的理解,选取了高铁概念股果断建仓。高铁概念股在当时无疑是市场中的明星,整个板块独立于大盘,走势喜人。刘先生说:"很多时候大盘都不理想,但并不理想并不意味着没机会。收益与风险是成正比的,不冒一定的风险,怎么能有收获?"

其次是心细。刘先生在选股前,花了很多时间在技术分析上。"毕竟铁路基建板块有二三十只股票,我不可能随便选一只股票就买。通过K线形态的技术分析,就能有效地缩小选股范围,再通过公司的基本面情况、相关最新动态进行深度的筛选,最后就得出了符合自己要求的标的。"刘先生详细地解释道。

胆大心细做起来并不难,不过是要求投资者们分析全面、思虑周全、出手果断,除了上述案例里刘先生这样简单有效的选择方法,我们还可以按概率论和数理统计中关于期望值计算的共识,把投资标的分为四大类:第一类,成功率高、成功后收益中等,失败率低、失败后亏损率低的;第二类,成功率低、成功后收益率高,失败率高、失败后亏损率高的;第三类,成功率中等,成功后收益率高,失败率中等,失败后亏损率低的;第四类,成功率很高,成功后收益率高,失败率低、失败后亏损率低的。

成功的投资者,应该学习豹子的胆大心细,牢牢抓住第一、第二、第四类投资机会,特别是遇到第四类机会,一定要立即出手买入,不要失去致富的良机。

第五章

心态平和，投得安心，赚得舒心

不贪——知止后勇，切忌利欲熏心

与"贪"联系起来的一般是贬义词：贪心、贪婪、贪得无厌。有些很贪的投资者忍不住为自己叫屈，凭什么拿破仑说"不想当将军的士兵不是好士兵"就是有宏图远志，我们想在投资市场中赚点钱就叫做贪呢？

判断贪与不贪，标准不是一个人"要不要"，而是要的是否"太多"。我们需要钱，用钱来维持我们的生活、实现我们的梦想和价值，但如果我们利欲熏心要太多的钱，那钱反而会毁掉我们的生活。

曾经有个乞丐在大街上垂头丧气地前行，他衣衫褴褛、满脸菜色，显然已经很久没有吃过一顿饱饭了。这乞丐一边走，一边自言自语："饿死我了，要是能让我大吃一顿该有多好啊，为什么我就这么穷呢！为什么命运女神要如此苛待我呢！"

就在这时,命运女神降临在乞丐面前。乞丐大喜过望,他跪在地上哀求道:"敬爱的命运女神啊,帮帮我吧! 可怜可怜我,我现在已经什么都没有了。"

女神便问他:"那你告诉我,你最想要什么?"

乞丐立刻把自己饱餐一顿的愿望忘了个干净,双眼放光地张口说道:"我要金子!"

女神点点头:"脱下你的外衣来接吧。不过不要太贪心,接得太多会把你的衣服撑破,要记住,我赐予你的金子如果被掉到地上,就会统统变成垃圾。"

乞丐毫不犹豫地脱下了衣服,命运女神手一挥,金子就像流星一样落在乞丐的衣服上,渐渐堆成一座小山。女神提醒乞丐:"小心! 你的衣服要被撑破了。再多装一些的话,金子就会掉到地上了。"

乞丐却对女神的警告置若罔闻,只是一个劲儿地嚷嚷:"再多点! 再多点!"喊着喊着,就听"刺啦"一声,他的衣服裂开一条大口子,金子顺着口子落到地上,瞬间就变成了砖头、玻璃和小石块。

命运女神消失了,乞丐再次变得一无所有,只剩下一件更破更烂的衣服。

越是贪婪越有可能一无所有。投资市场充满了致富的机会,投资者身处其中,难免会受到环境的影响而变得不知足。我们经常会听到身边的投资者兴奋地叫嚷:"又涨了又涨了!"彼时,似乎每个人都坚信自己的股票能永远上涨,直到某天股价暴跌,才开始惊惶懊恼地喊:"怎么会跌了! 如果我昨天出仓了该有多好啊!"

聪明一点的投资者这时候就会退出市场,保本再战。可还有一些被利益蒙住理智的投资者,因为抱着"只是暂时的波动,一定还会再涨起来"的想法,固执地不肯止损,把盲目的长期持股当成长期投资,最终用全部身家给自己的一时贪婪殉葬。

投资哲学
Investment philosophy

　　银行家凯索尔曾经说："我年轻的时候，别人叫我赌徒；等我活动范围扩大些，别人叫我投机客；现在，别人称我银行家。其实我始终如一，做的是同样的事。"无论是赌博、投机还是投资，都是把钱投入市场中，以期获得更多的金钱的行为。凯索尔认为，投资和投机的区别就是：前者注重保存资本，并使资产增值；后者只想着增加财富。所以，投资者会把目光放远，压抑住自己的贪念，宁愿放弃一些高风险的行为来保证每年都有收益。

　　"复利是投资中最神奇的手。"凯索尔提醒投资者们，"如果能够每年收益25%，10年下来我们的资本就能翻9倍，由于连续复利的存在，20年后就是86倍。"

　　这位成功的银行家还提到过投资者和投机者具体表现上的差异："伟大的投资家总是很节俭的。我曾经拜访过巴菲特，他住在几十年前的老房子里，用老旧的办公室还开老爷车。靠投机发家的人却正好相反，因为钱来的容易，所以他们每天都算计着如何购买奢侈品。东西越买越多，生活成本也越来越高，最后不得不继续投机、赚更多的钱来维持生活开销。但命运女神不会永远眷顾谁，投机者为了赚钱，必然会尝试越来越高风险的事——这使他们的破产成为了必然。"

　　投资市场中有一个有趣的现象，但凡是通过证券交易获得巨额财富的人：巴菲特、索罗斯、罗杰斯等，都是上了年纪的人，或者至少是中年人。这就从侧面证明了时间、耐心以及复利在投资中的重要性，随着投资者资本总值的不断提高，赚到的钱也会逐渐增加。

　　也就是说，我们想要真正地获得财富，而不是做昙花一现的"富翁"，就要戒掉盲目操作短线投资的习惯。因为只有采取长线投资这种安全性、稳定性都很高的方式，才能助我们安然度过一个个熊市或者牛市。

　　投资市场中，给人带来财富的不是短期内买入卖出所带来的收益，而是复利带来的不断堆积翻倍的财富。投资者要牢记这一点，努力在操作过程中保持不贪的心态，理性及时地止损止盈，才能获得市场的青睐，取得梦寐以求的财富。

不惊——投资者要有定力

有人把做投资比喻成进鬼屋历险，眼前一片漆黑，四下都是鬼哭狼嚎，不断被身后的人催促"快走"，只能满心恐惧地扶着墙壁，跟着走在前面的人一脚深一脚浅地向前。

这个比喻虽然奇特，但还算贴切。投资者在投资市场中就像在鬼屋中一样，谁也无法明确地预知前路，虽然手边的墙壁可以给我们引导方向，却总觉得一点都不稳妥，与其自己判断、不如跟着前面的人走，身边的每一丝风吹草动都会影响到我们的想法，当其他人恐惧时，我们也会跟着恐惧起来。

要在投资市场中保持理性，不跟着其他投资者瞎起哄，投资者就需要极强的定力。如果把股票选择和操作能力称作"外功"，那么保持稳定的心态就是真正能让投资者笑傲市场的"内功"了。

曾经有一段时间，人们把出家做和尚作为追求，以修炼成无欲无求的得道高僧为无上荣耀。有个年轻人为了得道，也随大流到寺院中出家修炼，遵循不杀生、戒酒、戒色等戒律，锻炼自己的定力。

年轻人发现，所有的戒律之中，戒色最难做到。食色性也，人想靠定力战胜天性是十分困难的。这个年轻人高估了自己，也小瞧了得道的难度，一心认定自己可以做到。他日日诵经念佛，却还是在方丈师父的测试中败下阵来。年轻人对此心有不甘，他问方丈："世上为何会有女人来毁我等道行，乱我等定力呢？"方丈回答："唯修炼不足尔。"

很多投资者都高看了自己的本事，小看了投资市场中的风险和危机。人人都认为自己可以轻松地在股市中赚大钱，盲目地随大流追涨杀跌，在赔钱之后，又怨恨股市中的风险太多机会太少。

其实，投资市场本就是波云诡谲，风险与盈利机会相伴相生。当金融风暴或者市场动荡袭来时，所有的投资者都面对同样的境遇，可就是有些人，可以凭自己的智慧和心态险中取胜。所以，抱怨投资市场并没有任何意义，如果我们轻易地为他人而左右、为市场中的一点风吹草动而心惊，那只能说明我们"修炼不足尔"。

2008年，美国国内次贷危机再度爆发，由此引发了世界范围内的金融大动荡，国际投资市场上一片惨淡，在这巨大的危机中，巴菲特掌管的伯克希尔公司利用自己充足的资金，在全球各大股市大范围买入股票。

9月23日，巴菲特用50亿美元入股美国第一大投资银行高盛集团。高盛是一家杰出的机构，它拥有非常出色的全球业务、久经考验和深谋远虑的管理团队、雄厚的人才储备和财务资本，巴菲特认为，这个集团一定可以顺利走出金融危机并且创造更好的收益。

巴菲特的这一举动遭到了市场的嘲笑。股评家们认为，巴菲特的确靠无数次"逆市而行"获得过成功，但是在如此剧烈的金融风暴面前选择"迎难而上"是选错了地方。事情一开始也的确像众人预测的那样：受金融危机的影响，美国的个人消费水平严重下降，美国政府停止收购银行不良资产，把金融救援重点转向教育、住房等非银行消费领域。为此，以高盛集团为代表的金融企业股票大幅缩水，连带巴菲特的股票也从买入的100美元跌到了每股70美元以下，"股神"被套牢了。可出人意料的是，巴菲特没有丝毫的紧张，他一如既往的沉静，在确定市场没有其他好股票买之后，就外出旅游了。

直到两年之后，金融市场恢复正常，高盛集团给巴菲特带来了令人嫉妒的回报，巴菲特才解释了自己的行为："在当时的情况下，无论是谁买入股票，都有极大的几率被套，这是大的经济环境所决定的，不会因为我发生任何改变。但风暴总会有散去的一天，在市场复苏之后，就是我获得收益的时候了。我做过深入调查，很清楚高盛股票的价值，事实也证明，这家公司并没让我失望。"

投资者在投资的过程中，不能把耳朵捂住拒绝外部的声音，而是要努力保持镇定，做到兼听则明，不为外部的环境所惊，毕竟，投资市场的风险不会因为我们的态度而存在或者消失，别人的判断和态度也不能决定某一只股票的走向和价值。

能做到"不惊"的投资者数量是十分有限的，并不是每个人都拥有坚强的心理和抵御诱惑的定力的。大部分投资者，在股市大好时就忍不住贪念，频繁买进卖出；股市出现危机时，就心惊胆战，坐立不安，一心一意想要抛出，越抛出赔得越多，赔得越多就越心惊，自此陷入恶性循环。

明智的投资者要如何才能看透纷杂的投资市场，做到"定"和不惊呢？

首先，投资者要改掉过于关注股市行情的习惯，尤其是见股票涨就热血冲头的菜鸟投资者；其次，投资者要学会按照预期计划操作，把自己置身于众多上涨的股票之中而不动心，只守好自己的股票，尽量避免操作错误；最后，投资者对于不合自己大盘策略的情况，要冷静分析，在没有触及根本的情况下做到岿然不动，只静待投资市场复苏即可。

投资者必须克服自己"一见涨就想买"的冲动心理，在股市的动荡中保持不惊的好心态，才能"功力大增"，成为市场中能够致富的少数高手。

不惧——要敢于言败

投资市场中的交易是一种零和博弈,有人赚就有人赔。成熟的投资者不会幻想在投资市场中永远地赢利,也就是说,在投资市场中,失败是每个人都必须面对的考验。

对于可以带给我们暴利的投资市场而言,所谓的失败不是虚无的小打小闹,而是货真价实的赔钱,少则数千,多则上万,甚至是倾家荡产。身边投资失败的例子多了,我们自身也会产生一种恐惧心理,害怕投资失败、害怕遭受损失,从而在投资市场中谨小慎微、提心吊胆。

对于失败,投资者当然要尽量去避免,但没有过于恐惧的必要。我们都清楚,投资市场中的胜败乃兵家常事,每个人都有可能在投资的过程中犯错。

投资大师威廉·江恩,他利用数学和几何创作出的"江恩法则",可以通过把时间和价格结合起来预测股票和期货市场变化的时间拐点,正确率奇高。20世纪20年代初,他每年都会出版市场展望报告,在其中预测市场未来一年的市场走势。这些走势可以反映出市场波动的详细逆转时期和价格情况,备受投资者推崇。曾有调查显示,在某个月的25天中,江恩进行了286次交易,其中264次赢,正确率为92.3%,回报率高达1000%。

江恩因为他的"江恩法则"被誉为"可以预测市场的人"。但股市中没有常胜将军,他对1950年到1953年美国经济形势的分析是个败笔。江恩曾经预计,在1950年到1953年,美国经济会因为1949年的困难而被拖累,美国自二战结束以来经济良好发展的势头将会停止。可是令众多江恩崇拜者感到奇怪的是，美国经济滑坡现象没有出现，正相反，朝鲜战争及欧洲援助计划带动了美国国内相关产业的发展，国内经济发展态势良好，政府公布的GDP也一路飙升。江恩的预测失误了，这次错误让他的很多追捧者饱尝苦果，江恩本人也带着遗憾在1955年病逝。

金融学家分析，江恩的失败主要源于以下三个原因：第一，他看似精准严密的市场预测系统本身存在缺点，无法保证预测结果的正确；第二，他忽略了一个重要事实，即美国拥有世界上最多的黄金储量，美元的价值十分平稳；第三，他违背了市场预测的灵活性原则，在预测之前没有进行严密的市场研究，只是根据当时的政策方向和以往的经验做出了推断。

没有人生来就能叱咤投资市场，所有的投资者都或多或少地会犯交易过度频繁、没有止损单、不了解市场的错误，从而导致投资的失败。

这些错误，大多是由于投资者不够理性、贪图眼前利益、一味追求风险、不懂得保本、没有深入了解市场、没有研究投资对象所导致。我们若要尽可能地避免犯错，尽可能地减少损失，就要坦然地面对失败，保持良好的心态，从挫折中获得教训，使自己的投资原则和方法越来越成熟。

美国曾有一个年轻人，在1816年与家人一起被赶出了居住的地方。1818年，失去母亲。1831年，经商失败。1832年，竞选州议员落选。1833年，向朋友借钱经商，年底破产，花费16年把债务还清。1834年，成功竞选上州议员。1835年，失去未婚妻。1836年，精神崩溃卧病六个月。1843年，参加国会大选落选。1946年，当选国会议员。1848年，寻求国会议员连任失败。1949年，申请担任州土地局长被拒。1954年，竞选美国参议员落选。1856年，在共和党代表大会上争取副总统提名，得票不超过100张。1856年再度竞选美国参议员落选。1860年，当选美国总统。1864年，再度当选美国总统。在他的任期中，他维护了国家统一、废除了奴隶制，在他逝世后,遗体在十四个都会被群众凭吊两个多星期。

这就是美国"最伟大的总统"、全美国的第一任平民总统亚伯拉罕·林肯。他在一次竞争参议员落选之后对民众们说:"这条路艰辛而泥泞。我一只脚滑了一下,另一只脚也因此站不稳;但我知道,这不过是滑了一跤,并不是死去再也爬不起来!"

投资者要学会在市场中不断地成长,保持刚刚进入市场的自信,而不是被市场中的风险磨平闯劲和傲气。每个人都会在投资甚至人生中遭遇各种各样的挫折,赔钱不是失败,但如果让失败成为我们心灵上的一块阴影,成为我们投资道路上的一块绊脚石,那么我们就真的可能成为输家。

想要在投资中获得成功,我们既要摆正心态,做到不惧,又要做到仔细调查市场和投资对象、谨慎保本、理性投资,把我们损失的每一笔钱都化为让我们前进的学费,最终成为投资中的高手和赢家。

不急——急功近利要不得

"指望投资赚钱吃饭的投资者很有可能会饿死。"这是很多投资论坛中,经验丰富的投资老手教给新手们的经验。投资不是刮彩票,交上两块钱,满怀欣喜地刮一刮或许就能赚钱。投资需要投资者对投资的对象和市场环境进行分析,对自己的资产进行整合和分配。投资不是短时间内倒买倒卖的活儿,而是把钱投入市场,以获得未来长期回报的经济行为。

投资者的投资,应该在维持正常的生活水平的前提下进行。因为做投资急功近利,是无法获得丰厚的收益的。在投资市场中,唯有懂得"不急"的人，才能真正赚到钱。

在纽约的一家大公司的楼下，有许多年轻人正在排队等待面试。他们大声嚷嚷，声称自己已经排了很长的时间，每个人脸上都有不快的表情。奇怪的是，当他们踏进写字楼的大门，跟门口一位很漂亮的前台小姐交谈之后，就都会安静下来，变得彬彬有礼。有位好奇的路人便去询问那位小姐："您对他们说了什么？"

前台小姐笑得十分温和："我请他们耐心些。"

"耐心些"并不是一句咒语，但说出这句话的年轻女士有着令人折服的沉静气质，这两者相结合，就让躁动的年轻人们感到了羞愧，并且安静下来。也许他们这次面试的最大收获，就是学会在一个急功近利的年代，耐心地去"等待"。

农民种植作物要春种秋收，学生学习要寒窗十年，投资赚钱也不是一朝一夕的事情。

当今国内的投资市场有许多的不足之处，投机性严重，买进卖出、追涨杀跌的多，耐心调查、稳定持股的少，我们处在这样一种急功近利的环境中，难免会受一些影响。于是，投资者是急着赚钱、急着炫耀，把投资市场当成传说里的聚宝盆；专家们是急着功成、急着扬名，想要成为正在发展的中国投资行业的新坐标。

投资者想赚钱对吗？对。但是急功近利，能赚到的只有小钱。专家想成名对吗？也对，但是急功近利，成果就只能昙花一现。

在整个社会环境都很"急"的情况下，理性的投资者需要学会慢下来，学会耐心、细心和忍耐，罗马不是一朝一夕建成的，朝秦暮楚绝对无法建立自己的伟业。

1983年，有许多股东要求巴菲特加强股票交易的"活跃性"，于是在伯克希尔公司的年报中，巴菲特详细地向股东们解释了股票频繁交易可能带来的巨额交易成本，以及股东财富可能会受到的惊人损失。他说："投资市场的讽刺之一是强调交易的活跃性，使用'交易性'、'流动性'这种名词的经纪商最喜欢的便是那些交易量很大的公司。但投资者必须明白，换筹码对赌桌旁的人来说是件好事，对赌客却未必。一个过度活跃的股票市场其实是企业的窃贼。"

为了更加生动和有说服力，巴菲特给出了一个详细的例子："如果我们投资的是一家净资产收益率是12%的优质公司，假定我们买卖股票的换手率是每年100%，每次买入和卖出的手续费为1%。需要注意的是，我们对于低价位公司或者小额购入的股票，是以账面价值买卖一次股票来计算手续费的。也就是说，我们所假设的这家公司的股东，总体上要支付公司资产净值的2%来作为股票交易的成本。这种股票交易活动对公司的发展毫无意义，而且会消耗公司盈利的六分之一。

想象一下，如果政府突然宣布，从明天开始就要对公司和投资者征收20%的投资交易税，我们会有多痛苦呢？可是根据巴菲特的实例，那些总是在进行过度活跃的交易行为的投资者，就是在变相缴纳这种重税。这其中，一般投资者比投资机构更容易蒙受损失，因为心急赚小钱而吃大亏。

频繁交易就是许多投资者投资失败的普遍原因之一。投资者受急功近利的心态驱使，非理性地估计了自己的交易能力，选择根据没有价值的信息进行操作，这样非但无法取得收益，反而赔上了高额交易成本，进而造成了投资失利。

投资者想要从投资市场中赚到钱，就要多动脑筋，多用理性去克制自己的冲动。事实证明，在投资市场中从中场线角度出发，进行波段操作才是最快捷、最安全的赢利做法。股市或股票中长线走势的规律性要远大于短期走势，从操作的角度看，中长线操作也要比短线操作简单，成功率高。

一次精彩的中长线操作可能要强于多次成功的短线操作。在投资市场中,资金是从频繁炒作者手中流向有耐心之人的手中的。投资者应该在价位合适时购买适合长线持有的增长股,学会"不急",有耐心、有恒心,按照自己的既定方案行动,以获得预计中的,甚至超出期望值的回报。

不悲——正视逆境,满怀信心

有道是:"人在江湖飘,哪能不挨刀。"投资者在市场中探险,总要经历大熊市、金融危机、深度套牢等种种逆境。有的逆境属于"天灾",是由于整体经济环境的变化而引起的投资市场的变化;也有的逆境属于"人祸",是由投资者自身判断的失误或者非理性的投资造成的。

各种各样的逆境经历得多了,投资者难免会生出些怨天尤人的情绪,觉得自己不适合做投资,或者自己没有运气。这样的心态要不得,因为这会使投资者逐渐丧失自信和魄力,陷入屡战屡败的尴尬境地。

所以,我们开始进行投资时,就要摆正自己的心态,做好受挫的准备。与此同时,对未来满怀欣喜,相信人定胜天,世上没有过不去的坎,只要正视现状,满怀信心,就一定可以摆脱逆境,走向成功。

1982年,在美国纽约曼哈顿区有一个卖医疗器械的黑人业务员。他把所有的积蓄都投资在这种医疗器械上,但因为产品不实用,销售十分困难,年轻人濒临破产。有一天,在华尔街上,他注意到一辆非常漂亮的车,于是他忍不住拦住车的主人询问:"我有两个问题:你是做什么的?做你们这一行需要什么?"对方是个股票经纪员,他告诉这个年轻人,要做他这一行,只需要会为人处世以及一定的数学能力。

这个年轻人心动了,他顶着老婆出走、濒临破产、居无定所的巨大压力,参与到了股票证券公司的实习生培训中。由于实习期间没有收入,他便带着儿子睡救济所、吃救济粮,从不言弃。最终,他以优异的成绩和出色的业务成为了200多个实习生中唯一顺利进入公司的员工,并且在其后创立了美国加纳德理财公司,他就是电影《当幸福来敲门》男主角的原型——克里斯·加纳德。

人生不如意之事十之八九。想要一直在投资市场中稳赚不赔,就像想要一生顺遂一样,并不现实。不会有投资者甘愿因为市场中存在逆境就放弃致富的机会,所以学会在遇到挫折时保持"不悲"的健康心态,是每个投资者的必修课。

作为一个理性成熟的投资者,在面对逆境时,我们要做的第一件事就是学会正视它。正视逆境是解决问题的前提,从逆境中寻找商机是聪明的投资者最擅长的。但是要注意,从逆境中寻找商机并不等于把逆境当成顺境,无所作为。有的投资者,在投资中会犯盲目乐观的错误,被深度套牢后,不估量股票的价值,一口咬定"塞翁失马焉知非福",并且继续吃过,其结果只能是连裤子都输掉。

在正视逆境的基础上,我们就要开始分析和解决问题了。分析我们遭遇挫折的原因,并且思量将其解决的方法,甚至可以运用我们的经验和知识,在逆境中挖掘被旁人所忽略的商机。

许多投资大师,如索罗斯、彼得·林奇都曾经在自己的著作中提醒投资者,在市场看起来困难重重、危机四伏的时候,才是投资的最佳时机。"股神"巴菲特更是长期贯彻着这一原则。在他看来,股市越是下跌,股票就越是安全。越跌越买,是巴菲特投资的一条重要法则。

大部分的投资者,把牛市的到来看做是顺境,熊市的到来看做是逆境。越到牛市,投资者们就越忙,打探消息者有之、炒短线者有之,忙得几乎连饭都顾不上吃;等到了熊市,投资者就闲了下来,每天跑到股吧、交易所、投资大厅跟别人扯皮，然后回家无所事事。

巴菲特的做法却与这些人截然相反。越到牛市，巴菲特就越清闲，他会离开办公室享受自己的假期；等熊市来临时，巴菲特立刻打起精神，对他来说，此时市场中充满了他一直想买却买不到的低价股票。在这段时间内，巴菲特会从开市起不断打电话买股票，打完电话后就立刻重新开始研究新的股票，然后继续打电话要求交易员买入，如此反复，直到下一个牛市到来。

投资者应该学会转换角度思考问题，不要被市场中的消极情绪所影响，而是要学会把某些"逆境"当成是投资市场的"清仓销售"。以股市为例，在金融风暴来临，大盘普遍下跌时，许多优质股票的价格就会降低，这就像是超市的清仓大甩卖一样，是投资者们选股买入的黄金时期。在这个阶段，虽然我们原本持有的股票也会有一定的贬值，新买入的股票可能会立刻被套，但我们要对股票的价值和自身的判断有信心，耐心等待。

投资者在投资过程中遭遇逆境时，一定要积极地分析研究，并且满怀信心地在其中寻找机会，把怨天尤人的精力投入到分析问题和挑选股票中去。长此以往，我们也可以成为"逆势而动"、把握商机的出色投资者。

不执——学会放弃才能拥有

理性投资，这四个字在投资书籍中反复出现，被投资专家们反复念叨，已经为广大投资者耳熟能详。但就像很多投资者说过的："没把钱投进市场以前谁都能理智，可一旦把钱投入了，要保持理智就会变得非常难：看到股票涨不买，难；看到别人都借钱炒房自己不借钱，难；看到别人的基金一路上涨，自己的毫无动静不上火，难……"

投资中总是有很多事情会激起我们的"火气"，让我们就像是输红了眼的赌棍，越输就越是要赢回来，明明某只股票一直在下跌，可就是执着地认定它终将会涨回来，就算知错了也不肯回头……过于执着，不会放弃，成为许多投资者无法合理止损，总是情绪化投资，最终导致投资失败的重要原因。

曾经有一大一小两个和尚结伴下山，要去购买寺院一周所需的粮食。去往集市有两条路：一条远些，需绕过一座大山，蹚过一条小溪，来回会耗费将近一天的时间；一条近些，只需沿山路下山，再过一条大河即可，只是河上的桥年久失修，总让人走不踏实。

两个和尚自然选了近路，他们下得山来，正要过桥，细心的大和尚发现独木桥的前端有一丝裂痕，他赶紧拉住想要过桥的小和尚道："慢些，这桥恐怕没法过，我们得回头绕远路。"小和尚被大和尚一提醒，也注意到了桥的断痕，但他皱眉说："回头？我们都走到这儿了，还能回头吗？过了桥就是镇上了，现在回头绕远路的话多冤啊！咱们还是过河吧，说不定这桥还能撑住。"

大和尚知道劝他不住，便抢先走到小和尚前面，随手捡了块石头，对着独木桥轻轻一敲。桥身立刻发出一声脆响，落入三四丈下湍急的河水中。小和尚一阵后怕一阵庆幸，抚着胸对大和尚说："师兄，刚才幸亏你投石问路，否则我就要葬身鱼腹了。你说，我当时为什么就想不开呢？满脑子只想到回头太难，过了桥便是镇上了，绝不能再绕弯路，根本没考虑过桥垮了该怎么办。"大和尚意味深长地答道："只要懂得放弃，其实回头并不难。"

功亏一篑的感觉是许多人难以忍受的。花费了很多时间和金钱在投资市场上，却在收获的最后一刻遭遇打击，相信这是众多投资者最惨痛的回忆。而在这种时刻，若是能咬牙放弃，就有机会带着资本全身而退，休养生息，以待日后的东山再起，但若是执迷不悟，被情绪控制住，只想着利益而忽略风险，就有可能万劫不复。

在投资中，每个人都会遭遇到让人惋惜的失败。一旦被情绪控制，失去理性的判断力，就有可能失去及时止损的时机，遭遇重创。

投资者要成功地在市场上生存，就必须成为自己情绪的主人。学会放弃那些会将我们带入灭亡的投资产品，为自己保留重头再来的实力。

识别一个投资者是否理性应当以心态的成熟与否加以区分，单单从技巧方面难以了解一个投资者的真实水平。有些投资者可能在数学、财务或者金融理论上胜过别人，但如果他们无法控制好自己的心态，就不可能获得成功。相反，聪明的投资者即使没有十分渊博的知识，也可以依靠出色的情绪管理能力和不断的知识积累获得投资的成功。

不慌——沉着应对市场波动期

即使对投资一窍不通的人也知道，投资市场是不断波动的，他们即使不了解财经频道里各种图表的具体含义，也能发现所有的线条和数字都在不断波动、不断变化。每个投资者都应该清楚，没有哪一种投资产品可以时刻盈利，各种投资产品的价格都是不断升降的，这种现象是由市场波动造成的。所谓市场波动，就是市场供求状态的失衡，即市场均衡状态被打破。市场波动期，就是投资市场中出现供不应求或者供过于求的时期。

在市场正常运作的基础上，优质的产品会受到消费者的追捧，产品很快会被售空，消费者的消费需求得不到满足，这时就出现了"供不应求"的情况。在这种情况下,产品的价格会越来越高。随着产品价格不断增高,更多的厂家看到了商机,纷纷投入生产,致使越来越多的优质产品被生产出来。产品不断增多、消费者的需求却接近饱和,这时就出现了"供过于求"的情况。在供过于求的情况下,厂家为了销售产品,就会压低价格,产品就变得越来越廉价。产品廉价了,生产的厂家就会不断减少。等同类更优质的产品出现时,市场就会再次出现供不应求的景象,由此形成了一个又一个波动期。

投资市场也是如此,市场价值规律告诉我们,产品的价格始终是围绕产品价值上下波动的。当某种投资产品获得了投资者的追捧时,其价格就会越来越高,出现一个市场的上升期。上升不会是无限的,当"供过于求"的情况出现时,投资产品的价格已经远超其价值。如果超出的部分太多,就会形成我们所说的"泡沫"。没有价值的价格是虚幻的,随着泡沫破碎,投资产品的价格就会一路暴跌,使投资者遭受巨额损失。

市场波动带来的后果也许很可怕,但它的存在是一种正常的经济现象,只要操作合理,就可以避免损失,获得收益。投资者应该坦然面对一个又一个市场波动期,就好像坦然地面对每年都不同的粮食价格一样。在投资产品的价格飙升时不得意忘形,在价格狂跌时不要惊慌失措,不慌不乱地沉着应对各种挑战,以求在投资市场上立于不败之地。

聪明理性的投资者不但不会对市场波动心怀恐惧,更能运用各种投资知识和经验,在波动期寻找到机会,为自己创造更多的财富。

投资大师格罗斯曾经说:"通常情况下,股票市场是不可依赖的。如果投资者要在华尔街这样的投资领域中紧跟投资的潮流,那么他的收益将是很微薄的,甚至会呈现负数。"他本人像其他许多投资家一样,从不跟随潮流的方向前进。在其他投资者还疯狂地买进那些被看好的牛股时,格罗斯早已开始研究那些不被投资人看好的股票了。

"看似上升火爆的市场可能已经危机重重，看似不断下坡的市场也可能隐藏着金矿，通过独立思考作出投资决策，而不要盲从市场，被市场波动左右。"格罗斯经常这样提醒投资者。他非常注重投资时机的把握，认为股票并无绝对的好与坏，能否赚钱的关键在于投资者的买入时机。格罗斯建议投资者在选择投资机会的时候一定要耐心，不要一看到有赚钱的机会就马上出手，一定要等到最有利的投资时机，这样才能充分地利用自己的资金，获得最大的收益。

除了重视投资时机，格罗斯也非常强调投资前的调查，在他看来，了解一家公司的相关情况是选择投资时机前必须要做的功课。

索罗斯曾提出过著名的"荣枯理论"（也称"盛衰理论"等），该理论称，在大多数投资人都热烈追逐牛股时，牛股往往会盛极而衰，极有可能出现暴跌的现象；而被大多数投资人冷淡的股票，反而会出现上涨趋势，给投资人带来意料之外的投资收益。这一理论点出了市场波动的秘密，对投资者很有指导意义。

我们应该在理解市场波动的基础上，科学理性地进行投资。在投资之前，充分了解其相关知识以及政策讯息，不被市场上大部分投资者的态度所左右，要理性独立地做出自己的选择。在投资过程中，淡定沉着地关注市场起伏，按照自己的投资计划进行投资，适时适度地做出微调。

当然，沉着应对市场波动期并不是要求投资者在面对繁荣的市场时无欲无求，而是提醒我们切勿盲目"随大流"。市场波动期就是一个大浪淘沙的时期，在市场上升期并没被看好的那些产品很可能是价值连城的金子，需要投资者独具慧眼。

投资者投资的过程就是不断经历市场波动的过程，投资者要拒绝随波逐流，看破市场的种种假象，自信冷静地应对各种考验，才能获得梦寐以求的财富。

不悔——坦然面对亏损

投资者在市场中会遭遇各种失败，归纳起来，大抵都是该买的时候没买、不该买的时候买了，以及该卖的时候没卖、不该卖的时候卖了。投资失败的结果就是亏损，亏得少些，保住本钱尚且可改日再战，亏得多了，血本无归就只能欲哭无泪。

遭遇亏损，每个人都会懊恼、悔恨，但是后悔是不能解决问题的。亡羊补牢其时未晚，面对亏损，调整心态、及时止损才是硬道理。

有一位精神病学家，他从医多年，在精神病学界享有很高的声誉。数年后他即将退休时，发现帮助自己改变生活的智慧就是四个字："要是"、"下次"。他对自己的学生说："很多病人都把太多的时间花在缅怀既往上，后悔当时没有做应该去做的事情，比如'要是我在谈判以前做好准备……'或者'要是我没有借高利贷……'他们不断后悔，在懊恼的海洋里打滚，直到把自己耗病。而矫正方法其实非常简单，只要把他们字典里的'要是'抹去，换上'如果'，让病人们学会对自己说：'下次有机会我会如何做……'"

在此刻惦记过去、懊悔过错的人，将会在下一秒为这一刻而懊悔。

懊悔是最浪费时间的事情，特别是为必然会发生的事懊悔。在投资市场中，每个人都会亏损。现在手上的这一只投资产品稳赚，不意味着今后的投资不赔。只要把亏损控制在一定的范围内，我们就没有必要把宝贵的时间浪费在过去的错误上。

我们都曾经用"就当交学费了"来宽慰别人，其实这句话在我们失败时也适用。人谁无过，在亏损之后总结经验，找出解决的办法，甚至把吃亏化作是下一次盈利的契机，才是聪明人的做法。

曾经是华人首富的李嘉诚认为"吃亏是福"。他说："有时一件看似很吃亏的事，往往会变成非常有利的事。"他告诉投资者，无论做什么都要不怕吃亏，一时吃亏，在长远来看却往往有利。

李嘉诚从22岁起就自立门户做生意。有一家贸易公司曾向他订购一批玩具，想运往外国销售。彼时货物已卸船付运，对方该付货款时，贸易公司的负责人通知李嘉诚，外国买家因为财政问题无法收货，但是它们愿意赔偿损失。李嘉诚冷静地分析了市场行情，认为这批玩具很有市场，不愁买卖。于是他吃了这个小亏，没有要求这家贸易公司赔偿，以求建立一个相互信任的合作关系。

后来李嘉诚转型做塑料花，有一天，一位美国商人找到李嘉诚，自称是经某贸易公司负责人的推荐，希望能够跟李嘉诚合作。李嘉诚事后得知，那位贸易公司的负责人认识这位美国商人，在他面前力荐李嘉诚，说他是香港规模最大的塑料花生产厂商，是一位完全值得信任的生意伙伴。这位美国商人最后同李嘉诚订了6个月订单，之后又成为了永久的客户，他们所需要的塑料花逐渐全部都由李嘉诚供应，使李嘉诚的塑料业务得到了长足的发展。

如欲取之，必先予之，生意场上的道理跟投资场上的一般无二。想要获得投资的成功，就要有丰富的投资经验，想要经验丰富，就必须忍受整个过程中可能遭受的损失。当然，商场和投资市场还是有一定的区别的，前者可能达成共赢，后者却只能不断对抗。

在对抗的过程中，投资者的心态就非常重要。我们应该如何面对亏损呢？

第一，像恋爱一样面对亏损。在恋爱中的人们认为，被爱是正常的，一旦被抛弃，就会感觉到愤怒不堪。新入市的投资者往往就像刚陷入恋爱的小伙子，对投资市场的推断太过理想化，认为这就是赚钱的地方，一旦亏损就感觉心理失衡。实际上，投资的亏损和获益一直都是并存的，就像结婚后爱人的缺点会暴露出来一样，一定要坦然地接受现实，而不是过于排斥。

同时，投资者要为自己的投资行为负起责任，不要一亏损就怨天尤人。每个人进入投资市场都是出于自愿，既然有赚钱的胆魄，就要有赔钱的气量。

第二，把损失具体化。在投资亏损之后，投资者应该问问自己："我究竟在投资中失去了什么？""我的生活究竟受到了什么影响？"然后我们会发现，其实我们的生活没什么特别大的改变，只是我们的心理上受到了负面影响。

人们在焦虑的时候，会不自觉地放大自己蒙受的损失，这个时候，把损失具体起来，就可以让我们感觉平静。

第三，通过纵横连接走出困境。心理学上有一个专业名词叫"信息连接"，即回想自己以前受到的挫折，以及当时度过挫折的办法。比如高考失利、求职失败等，有了这些挫折感受的比较，就会发现亏损带来的心理困境也是一时的，我们一定可以克服。

这种连接，是一种纵向的、与自己比较的连接，之后进行的是横向连接。亏损的投资者会陷入自己的负面情绪，形成一个"信息孤岛"，这时候看看别人，比如身价从2496亿港元缩水至1263亿港元的李嘉诚，看看他们如何走出亏损，就会恢复自己的判断力，找到希望和勇气。

第四，视而不见也是一种方法。对于一些情绪控制能力较差的投资者，视而不见也是一种调节心理的方法。完全隔绝自己的相关信息，不看报纸，不看电视，休养生息。有的投资者本来对于金融风暴没有具体的概念，纯粹是被铺天盖地的悲观消息给吓蒙了，不仅赔上钱，还差点赔上命，这是非常不划算的。这时的我们可以暂时离开挫败的现场，让自己从投资市场中挣脱出来，保存身体这个最重要的本钱。

第五，做好心理建设再投资。为了预防亏损击垮我们的心理防线，在投资之前，我们就应该适当降低对投资收益的期望值。在投资过程中，理性选择机会，不要盲目跟风，以防将来后悔。

只有合理控制自己的情绪，坦然面对亏损，投资者才能在市场中开开心心地达成自己的发财梦。

不馁——比投资失败更可怕的是丧失信心

一个投资者什么时候最自信？刚刚进入市场的时候。初生牛犊不怕虎，刚进入市场的新人一个个自信得好像明天就能变成百万富翁，这一方面与他们不知道市场的变幻莫测有关，另一方面也与各类投资书籍不断强调"自信"有关。

问题是，任何人的投资之路都不是一帆风顺的，很多投资者在遭受了现实的打击之后就会丧失信心，一蹶不振，惨淡收场。

巴鲁克出生于一个贫穷的家庭，在艰难的生活环境中，他并没有放弃对美好生活的追求，通过勤奋刻苦的学习，他顺利考入大学，后进入一家经纪行工作。通过一段时间的学习，他对投资有了一定程度的了解，便拿出自己的全部积蓄，外加向朋友们借的一笔钱，在纽约证券交易所购买了一个席位。经过仔细分析研究，他投资了当时市场上最热的板块，购买了全美著名的医药企业A.U.安克尔医药公司的股票。

在他买入后的两个礼拜之中，这只股票下跌了近20%，巴鲁克烦躁不安起来，他失去了自信，认为可能是自己的判断出现了失误，于是抛掉了手中A.U.安克尔医药公司的股票。谁知在他抛掉没多久，这只股票就迎来了新一轮的上涨，半年之后，它的股价上涨了130%，这令巴鲁克追悔莫及。

投资哲学
Investment philosophy

投资者应该对自己的判断力有信心，因为在充满风险和迷雾的投资市场上，丧失信心比投资失败更可怕。投资失败了，我们尚可以重整旗鼓改日再战，可丧失了信心，我们就变成了失去航行动力的船只，很可能被市场吞没。

每个成熟的投资者都会总结出一套自己的投资原则，这些原则都是与众不同且意义非凡的。我们要相信自己通过调查分析得出的结论，自信地贯彻自己的投资方案。在投资市场上，成功与否与运气大有关联，而自信，会让我们抓住所有可能眷顾我们的运气。

史泰龙的父亲是个赌棍，母亲是个酒鬼。父亲赌输了或者母亲喝醉了，史泰龙就会挨打。在恶劣的家庭环境下，他的学业糟糕透顶，整日混在街头，一直到他二十岁的某天，他开始进行反思："我也要做一个像父母那样的人吗？只能不断带给众人和自己痛苦？不，我要成功！"

他苦苦思索，有什么工作是适合自己的，最终，他决定去做个演员。他只身来到好莱坞，找明星、找导演、找制片……希望可以找到一个成功的机会，却一次又一次地遭到拒绝。他没有气馁，一边在片场学习电影知识，一边不断尝试，在两年间共遭到了1000多次拒绝。随着电影知识的不断增加，史泰龙又想到了一个新主意，他决定自己写剧本。

花费了将近一年的时间，史泰龙写好了剧本，开始尝试将自己的剧本推荐给别人，并要求在其中担任主角，这使他又遭遇了300多次拒绝。最后，一位导演终于被他的精神打动，给了他一次尝试的机会，拍摄了连续剧的第一集。那集连续剧创造了收视纪录，而史泰龙最终也成为了一名国际巨星。

很多时候，投资者缺乏的不是资金，不是机会，而是战胜自己、战胜市场的自信。越是在恶劣的市场环境中，越是在其他投资者胆战心惊的时候，我们就越是要坚定投资信心，熬到胜利曙光初现的那一刻。

第五章
心态平和,投得安心,赚得舒心

　　很多投资者在投资市场环境最恶劣的时候，往往因为恐惧而疯狂抛售廉价筹码，从而错失最后的时机，倒在胜利到来的前一秒。2005年6月6日，股指创下998点新低，许多投资者在大盘破位后完全丧失信心，甚至认为行情还将进一步下跌。可事实却是，当日的998点成为A股最大一轮牛市的新起点。

　　在证券投资中，信心会左右我们的投资行为，最终影响我们的投资命运。我们一定要对自己的能力有信心，也要对市场有信心。约翰·邓普顿曾经说："虽然投资市场会起伏，但不要对市场失去信心。长远而言，投资市场始终是会回升的，只有乐观的投资者才能在市场中胜出。"这种说法并不是盲目乐观，因为投资业与经济发展息息相关，随着社会财富的不断积累，投资行业的价值必然会不断攀升。所以无论遭遇到怎样的暴跌重挫，我们都要保持乐观自信的精神。

　　长期投资是人人皆知的原则，然而知易行难，在2008年全球金融危机的时候，许多投资者谈股色变，对投资理财望而生畏，一朝被蛇咬十年怕井绳。我们应该避免这种因噎废食的行为，不断丰富自己的投资知识，认真理性地分析各种投资对象，在恶劣的环境中保持对未来经济发展和市场增长的信心，沉着无惧地迎战未来的挑战，以期在若干年后获得市场慷慨的馈赠。

第六章

通胀来了,如何跑赢CPI

什么是通胀

　　"通胀"这个词越来越频繁地出现在我们的生活中,现在,连平时在家看孩子的阿姨都会像模像样地抱怨一句:"通货膨胀越来越严重,连鸡蛋都快买不起了。"在当前的市场条件下,投资者应该对通货膨胀和CPI有一定的了解,这样才能更好地审视、分析市场,选择适合我们的投资产品,更好地利用资金的投资时机。

　　2010年,因为种种原因,绿豆的价格高得惊人。在绿豆的热销季,市场上曾经出现过供不应求的景象。在呼和浩特市东瓦窑的农副产品批发市场中,绿豆的价格是12元/斤,而郑州市大型超市中的绿豆也要10元/斤。要知道,当时的五花肉也只需要9元/斤,绿豆的价格已经高过猪肉,这让许多市民跌破眼镜。据计算,以绿豆为首的产品价格上涨推动

第六章

通胀来了, 如何跑赢CPI</hr>

2010年的CPI均值上涨了1.1-1.2个百分点, 这让许多人不断咂舌:"想跑赢刘翔难, 可要跑赢CPI更难啊!"

　　CPI(消费物价指数)是观察通货膨胀的重要数据指标, 是根据与居民生活有关的产品及劳务价格统计出来的物价变动指标。一般而言, CPI大于3%的时候就会引起通货膨胀, 而CPI大于5%时就会爆发严重的通货膨胀, 从而破坏社会经济的稳定。

　　CPI物价指数指标对投资者很有启发性, 因为消费物价指数水平不但反映了消费者的购买力, 也反映了市场的繁荣度。当然, 这个指数并不是上涨就坏、下跌就好。如果该指数严重下跌, 那么社会经济肯定是出现了一定程度上的衰退, 而与经济发展息息相关的投资市场必然遭遇打击。

　　CPI指数可以反映经济的通胀程度, 所谓通货膨胀, 就是整体物价水平上升。在经济学中, 通货膨胀是指在纸币流通条件下, 因货币供给大于货币实际需求, 导致货币贬值, 从而引起的一段时间内物价持续普遍上涨的现象。也就是说, 人民的现实购买力大于产出供给时, 就有可能出现通货膨胀。通货膨胀的实质是社会总需求大于社会总供给, 经常出现在一些发展中国家, 因为这些国家的投资速度不易, 利润率相差很大, 对价格机制缺乏控制。

　　1923年, 德国发生了严重的恶性通货膨胀, 迄今为止只有1946年的匈牙利和1949年的中国能出其右。

　　具体来说, 假设1922年1月的物价指数为1, 那么1923年11月的物价指数则为100亿。也就是说, 如果一个人在1922年年初持有3亿马克债券, 那么两年之后, 用这些债券的票面价值连块面包都买不起。沃伦教授和皮尔逊教授曾将德国的通货膨胀数字绘成书本大小的直观柱状图, 可是限于纸张大小, 未能给出1923年的数据柱, 不得不在脚注中加以说明:如果将该年度的数据画出, 其长度将达到200万英里。

这次通货膨胀的出现,是因为德国一战败北。战败国德国丧失了1/7的领土和1/10的人口,各种商行及工业产品都有减少,同时按1921年金马克赔偿了1320亿赔款。在操作中,德国不得不靠发行纸币来渡过难关,因而陷入灾难。当时政府以极低的利率向工商业者贷款,同时投放巨额纸币,使得债务人得以有廉价的马克偿还贷款。结果,由于货币发行过多,流通到市场后很快贬值,"新富"们在通货膨胀中发了大财,"旧富"们面临崩溃。

通货膨胀的直观表现,就是钱不值钱。比如我国某些特殊时期出现的"扛着一袋纸币去买米"的现象,就是其典型代表。在判断通货膨胀时我们应该注意,通货膨胀必然会引起物价上涨,这并不意味着只要物价上涨就是通货膨胀。影响物价的因素有很多,比如纸币发行量、产品价值、产品供求关系等,只有因为纸币发行过多而引发的物价上涨才是通货膨胀。

每个国家都非常重视控制通货膨胀率,因为对于一国经济来说,主要就是要解决三个问题:经济增长、通货膨胀、失业率。在面对通货膨胀的情况时,国家一般采取紧缩的财政政策,以降低经济热度,比如提高贷款利率、提高存款利率,等等。

从经济角度来说,通货膨胀的物价上涨很容易误导生产者,诱使生产者盲目扩产,造成国民经济的非正常发展,使产业结构和经济结构发生畸形化。而抑制通货膨胀,就会使市场和建设规模大幅下降。通货膨胀不利于经济的平稳发展。

从居民收入水平来说,通货膨胀所产生的货币贬值,会使一些低收入居民的生活水平不断下降,使广大居民的生活水平难以提高。当通货膨胀持续发生得不到遏制时,就有可能造成社会的动荡与不安宁。

从投资者的角度来说,由于国家采取的一系列紧缩的财政政策,其原有的投资方法应该做出相应的调整,避免大额贷款。同时,通货膨胀使货币出现一定程度的贬值,这也会使我们的身家跟着缩水,所以投资者在通货膨胀的经济背景下，应该注意给自己的资产保值，选择债券投资、黄金投资、指数基金、投资型保险之类保值功能强的投资产品。

通货膨胀了，为什么还要存款？

像我们所了解到的，通货膨胀的直观表现就是物价快速上涨，钱不值钱。依许多投资者看来，通货膨胀了，就更应该把钱换成其他投资产品或保值产品，而不是继续放在银行里让资产贬值。可为什么央行会一再调整准备金率和存款利息，引导市民存款呢？

要搞清楚这一点，投资者首先要明确几个经济概念。

准备金。准备金是商业银行库存的现金和按比例存放在中央银行的存款。实行准备金的目的是为了确保商业银行在遇到突然大量提取银行存款的情况时，有充足的清偿能力。准备金率，即准备金占存款总额的比重。调整准备金率，各个商业银行的存款利率就会相应地产生变化。

紧缩性财政政策。紧缩性财政政策是宏观财政政策的类型之一，是指通过增加财政收入或减少财政支出以抑制社会总需求增长的政策。由于增收减支的结果集中表现为财政结余，因此，紧缩性财政政策也称盈余性财政政策。

通货膨胀的实质就是社会总需求大于社会总供给，从而使物价不断攀升，市场出现过热的情况。在这种情况下，政府就会采取紧缩性财政政策，通过调整商业银行准备金率，使商业银行的存款利率升高、贷款利率增高，鼓励市民把钱存储在银行里而非流动市场上，从而给市场降温，抑制通货膨胀。

所以投资者首先要明确，在通货膨胀的经济背景下，存款是一项非常保守且安全性很高的投资行为，是符合经济原理和我国国情的。

长久以来，存款在投资者眼中一直处于十分尴尬的边缘地位。若说它算是投资，它并没有足够高的收益率；若说它不算投资，它却能带来一定的收益。其实，只要选对方法，存款投资也可以在收益方面表现得更加出色。在进行存款时，我们要注意以下几点：

第一，在存款前考量存到哪个银行最划算。央行在2012年6月8日宣布调息后，提出一个补充条款，首次将金融机构存款利率浮动区间的上限调整为基准率的1.1倍。

自这次调息之后，工行、建行、中行、农行、交行和邮政储蓄银行六大行的二年、三年、五年期定期存款按本次调息后的央行基准利率执行，三个月、半年和一年期定期存款利率则较基准利率有所上浮。

与此同时，广发银行、深发展、华夏银行、浙商银行、兴业银行五家股份制商业银行则非常积极，除二年、三年、五年期定期存款按央行基准率执行外，三个月、半年和一年定期存款利率均按央行基准率1.1倍的上限执行。如果投资者在这几家银行进行短期存款，会非常划算。

而最夺人眼球的还是宁波银行、南京银行等城商行和农商行，它们的各类存款利率统一按照基准利率上浮10%的标准执行，它们的存款率是同行业中最高的。

我们以10万元为例算一笔账：一些银行自主将一年期存款率定位于不超过3.25%的1.1倍，即3.575%，则10万元一年的定存可获利息为3575元；有些银行的执行基准率是3.25%，则10万元一年的定期存款可获利息为3250元，不同的银行利息相差325元。这就说明，合理地选择存款银行，可以增加我们的存款收益。

第二，做到定期进账，及时定存。对于每天都有收入进账的小老板们来说，每天定存最合算。在每天固定的时间拿出一定的收入进行定存，一年后可以获得比存活期高十数倍的利息。

当然，对一般投资者而言，这个存款思路也是可以借鉴的。我们可以在银行开设一个定活两便账户，每天将活期账户里进账的一部分现金,通过网银转成定期存款,以赚取更高的利息收益。在存定期的过程中我们可以选择不同的定存方式,在存款之前考虑清楚每笔钱大体的花处,从而做到既不影响消费,又能提高投资收益。

第三,定期转存,活期变定期。现在的商业银行提供了许多便利的功能,其中有一种就是"定时转存"功能。简单地说,该功能就是在一张内设多个账户的银行卡中,由持卡人预先在银行柜台上设立一定的资金"触发点",超过触发点的活期存款,会被银行系统自动"搬家"到定期储蓄账户上,从而为卡上的现金获得高于活期存款的收益。

这样的定时转存一般会有两种模式,一种是设定活期存款账户的资金额度,比如5000元,当你卡内的活期存款高于1000元,银行就会自动把多出的资金转入你事先指定的定期存款账户上。一种则正好相反,需要投资者设定好定期存款的数额,剩余的资金才划到活期账户中。

这样的存款方式不会影响我们日常用钱,因为银行卡会逆向实时把投资者存入定期储蓄账户的资金再搬出来,保证我们的资金调度。如果这部分资金还没存足期,其存款收益就按照活期储蓄来计算。

第四,长期存款,放平心态。无论央行是降息还是提息,投资者都要放平心态,不要一见到调息的消息就不知所措。对于存款而言,只要存入了,就有存款收益,其差异无非是最终收益的多少而已,存款最重要的就是其保值的功能。想清楚这一点,我们就可以在政府政策多变的通货膨胀时期稳坐钓鱼台了。

投资者要学会做投资的有心人,善于在长期存款投资的过程中利用一些小办法增加自己的收益,比如阶梯储蓄法。

假设我们现在有5000元,按将来的计划用度,将其分成五个1000元,分别开设一年期、二年期、三年期、四年期(即三年期加一年期)、五年期定期存款各一笔。一年后,我们用第一笔到期的1000元,再去开设一个五年定期存款。后面同理,五年之后,手中所持有的定期存款全部为五年期,只是每笔1000元定期存款的到期年限不同,依次相差一年。这样的投资方法,可以跟上利率调整,并且可以获得五年期存款的高利息,收入稳定无风险。

只要有心投资,生活中处处都是商机。投资者要多多动脑,从小处为自己谋取大财富。

债券的收益不高,功能是保值

债券在投资市场中一直处于一个不温不火的状态,因为它不高的收益率无法引起投资者的兴趣。但是具体问题要具体分析,在当前的社会经济背景下,投资者应该看到债券强大的保值功能,并且调整自己的投资组合。

债券,是政府、金融机构、工商企业等直接向社会借债筹措资金时,向投资者发行,承诺按一定利率支付利息并按约定条件偿还本金的债权债务凭证,它的本质是债务证明书。购买债券的人与债券发行者之间是一种债权债务关系,债券发行人为债务人,投资者(债券持有人)为债权人。债券是一种有价证券,属于固定利息证券的一种,在国内比较常见的政府债券就是国库券。当人们利用债券进行不恰当的投机行为时,就会导致金融市场的动荡。

债券和股票有哪些相同点?两者都是都是有价证券,属虚拟资本,是经济运行中实际运用的真实资本的证书,都能起到募集社会资金、将闲散资金转化为生产和建设资金的作用。同时,股票和证券可以在投资市场上流通,给投资者带来一定的利益。

债券也是一种有效的投资方式,它介于银行储蓄和股票投资之间,既没有股票投资那么高的风险,又有高于银行储蓄的收益率。特别是在通货膨胀的经济背景下,债券的投资优势就格外突出了。国家在应对通货膨胀时，会采取加息等一系列手段，这时，债券的收益就会跟着走高，给投资者带来更多的收益，而不是像股票投资一样，为投资者带来更大的风险。

债券和股票的区别对比：

一、两者筹资的性质不同。债券的发行主体可以是政府或者金融机构、企业，而股票的发行主体只能是股份有限公司。债券是投资者把钱"借"给债券的发行主体，股票则是投资者"入股"到股份公司之中，由于筹资性质不同，投资者享有的权利也不同。债券投资者不能参与发行单位的经营管理活动，只能到期要求发行者还本付息；而股票持有人作为公司的股东，有权参加股东大会，参与到公司的经营管理活动和利润分配中，但不能从公司资本中收回本金，不能退股。

二、存续时限不同。债券是一种有时间性的投资，它是事先确定了期限的有价证券，到一定期限后就会得到偿还。股票则是没有期限的有价证券，企业无需偿还，投资者只能转让不能退股。除非公司破产，否则投资者不能从其资金中抽出本金。

三、收益来源不同。债券投资者获得的收入是发行者致富的利息，债券利息固定，属于公司的成本费用支出，会被计入公司运作的财务成本中。在进行债券买卖时，投资者还可能得到资本收益。大部分债券在发行时就会定下在多长时间以多高的利率支付利息或者偿还本金，投资者在买入债券时，往往能准确地计算出债券到期后的收益。

股票投资者获得的收入来自于红利、股息，它们都是公司利润的一部分。在股票市场上买卖股票时，投资者还可能得到资本收益。在投资过程中，大部分股票投资者的目的都不是股息和红利，而是买卖股票的价差收入，即资本收益。股票的价格和股息都是不确定的，投资者无法控制公司的盈利情况，也无法左右分配结果。

四、价值的回归性不同。债券投资的价值回归性，实质债券在到期时，其价值往往是相对固定的，不会随市场的变化而波动。而股票的投资价值依赖于市场对相关股份公司前景的预期，其价格很大程度上取决于公司的成长性，而非股息分配情况。股票投资的价格计算基于市盈率和该支股票的每股收益，而债券投资的价格计算则是基于该支债券的未来各期现金流以及相对应的贴现率。

五、风险性不同。债券和股票都有一些风险控制措施，比如发行要符合规定条件，经过审批，按时公布公司经营和其他重大情况的信息等。但债券和股票作为两种不同性质的有价证券，他们的投资风险还是差别巨大的。姑且不论国债和投资风险相当低的金融债券，即便是公司债券的投资风险，也要比股票投资的风险小得多。这是因为：1.债券投资资金作为公司的债务，其本金和利息收入有保障；2.两者的价格都会受到各种因素的影响，但是两者波动程度不同。债券由于其偿还期限固定，最终收益固定，因此市场价格也相对稳定。股票的价格波动比债券要剧烈得多，其价格对各种"消息"十分敏感，无论是公司的经营状况还是宏观经济形势，甚至是一些"内部消息"，都可能引发股市的大起大落。

投资者应该仔细比较债券和股票的差异，针对个人的情况来选择适合自己的投资方式。投资股票市场的风险较大，需要投资者有一定的投资知识以及研究市场的时间，但是"撑死胆大的，饿死胆小的"，高风险掩盖住的是高收益。债券投资市场的风险相对较小，对投资者的要求并不太高，投资者可以安然等待证券到期收获复利，不过"少劳少得"，获得的收益也会相对少些。

我们如果选择投资债券，就应该着眼其优秀的保值能力，不要对它的收益能力过度苛求，放平心态，不急不躁地收获未来的财富。

不建议资产低的人去持有黄金来保值

通货膨胀来了，不少投资者都慌了手脚："钱如果不值钱了，那可怎么办？"思来想去，就把目光落在属于硬通货的黄金上。众多投资者带着一颗在证券市场中饱受摧残的心，不求增值、但求保值，重整旗鼓，开始炒黄金。

2008年，对于我国人民来说是十分重要的一年，第二十九届奥运会的成功举办让国人感觉无比骄傲。"奥运"也被不少收藏人士视作国内收藏界百年难得一遇的好题材，大家普遍看好与奥运相关收藏品的升值潜力。2007年，随着国际金价成功攻破每盎司900美元关口，国内现货黄金价格也全线飙涨，创出新高。名为"北京奥运会"的彩色系列和本色系列奥运金陆续在北京各处发售，吸引了无数投资者。

黄金投资专家表示："出于投资目的的话，投资者最好选择金银纪念币（章）和金银条，因为它们本身具有流通价值，最有市场。"投资者们普遍表示，奥运纪念品，特别是奥运金币和奥运金条升值极快，在2007年至2008年间，有不少藏品的涨幅超过100%。

炒黄金主要有炒实物金、纸黄金、黄金现货三种，其中只有实物金可以兑现。黄金是国际通用结算货币，属硬通货，保值性强。目前全球通货膨胀，加速金价上涨，人民币兑美元也持续上涨，所以黄金的人民币价格上涨，说明黄金在升值；如果美元持续下跌，那么黄金会继续攀升——这就是黄金交易的基本规律："美元涨，黄金跌；黄金涨，美元跌。"

"黄金可以抵抗通货膨胀"，这其实是在投资者的认识中普遍存在的一个误区。在1990年到2010年20年间，金价共上涨271%，年均仅6.77%，如果我们进一步把时间拉长到30年，就会发现，投资黄金的年均回报仅为3.33%，与长期的通胀率无大异。所以，黄金不能抵抗通货膨胀，甚至会受到通货膨胀的影响。

黄金不俗的保值能力，源自它与贬值、失去信用的货币对抗的能力。当全球经济普遍恶化时，黄金的价值就会被凸现出来，比如2008年次贷危机爆发时。

许多投资者对当前的投资市场并没有信心，无法看透经济发展的前景，希望可以为自己的资产进行保值，所以选择投入到黄金市场，这是一个不错的选择，只是我们需要注意，炒黄金并不适合资产低的投资者进行保值投资。

2012年，国际金价大幅度回落，针对黄金交易的案例在国内投资市场中争相涌出。8月，一位孙先生就广州市黄金T+D业务，将某大型黄金公司告上法庭，成为国内黄金T+D业务民事诉讼第一案。

2011年，孙先生在某黄金公司交易部工作人员的推销下，用自己的全部积蓄投资了该企业的黄金T+D业务，全称为黄金现货延期交收业务。这是一个介于现货交收和期货交易之间的一个品种，其价格完全根据国际黄金现货的价格变动，具备了期货市场十倍放大收益与风险的杠杆功能。令孙先生没想到的是，在他签约之后，国际金价开始下跌，从2011年12月底到2012年1月下旬的一个月中，孙先生投到账户上的120多万元资金只剩30多万元。春节过后，想翻本的孙先生打算继续炒金，却发现账面上的资金亏得只剩4万多元。

孙先生认为，自己的巨额损失源于交易部没有为他提供足够的培训，且在交易过程中没有依照原先的约定提醒他及时止损，将该公司告上了法庭，要求赔偿投资损失。专业人士则表示，黄金市场中出现这样的现象，是投资市场走弱和国际金价下跌所造成的必然。

第六章
通胀来了，如何跑赢CPI

只要是投资就会有风险，保值投资也不例外。投资者应该在保证生活品质的基础上，用自己的闲钱来进行黄金投资，而不是盲目地把生活费用都变成没有流通性、价格不稳定的各种黄金产品。

对于资本较少的投资者来说，炒黄金并不是最适合的保值方法。原因有以下几点：

第一，从需要的投资金额来看。炒黄金需要付出的投资取决于现货黄金的价格，购买的对象从几克至几十克不等，规格越小，入市门槛越低。问题是，小规格产品附加的加工费相对较多，即有可能出现"买入一副金耳环，耳环90%的价值都在工本费上"，低资本的投资者入市了，却连能炒的黄金都摸不着。

第二，从投资期限来看。黄金市场24小时实时报价，价格拥有国际透明度，无投资期限，无庄家。投资者需要把大量的时间和精力耗费在黄金市场中，以免错失交易的良机。

第三，从所需的费用来看。炒黄金的费用为：黄金价格=商家滚利+加工费+运输费+保管费（在中国黄金免税），即购买价格就是投资者付出的投资费用，资产较少的投资者无法支付较高的费用，也就无法买到足额的黄金。买不到黄金，为资产保值就无从谈起了。

第四，从影响投资的因素来看。通货膨胀、全球金融市场的状况、本国的黄金储量等，都会对黄金市场带来影响。当世界经济特别是美国经济发展正常时，黄金的价值就会被世人遗忘，一段时间过去后，我们就会痛心地发现"十年黄金不如铁"。在经济繁荣期，持有等量美元的人财富明显增加，而持有等量黄金的人财富相对而言会明显缩水。

投资者在投资的过程中应该保持冷静，不要盲目追赶市场的潮流。我们要客观地评估自己的资产和投资能力，以选择最合理稳妥的方式进行保值投资。

通胀来了，应该买房子吗

2007年左右，房地产热席卷神州。房子，从一种普通的固定资产，变成了一种投资产品。不少投资者把自己的资金从证券市场中抽出，投入到房地产市场中，甚至成为了职业炒房者，一套又一套地买入房子，喜盈盈地看着不断上涨的房价，忙碌地计算着自己的资产又增加了多少。

只是今时不同于往日，当通货膨胀袭来时，手上攥着的那几套房子真的可以让我们享受"千万富翁"的富贵生活吗？当国家采取紧缩的经济政策时，我们还应该买房子吗？

说到炒房，我们都会想到经济眼光犀利独到的温州人，然而在2012年8月，《第一财经日报》却报道称，"温州炒房团"已经呈现颓势，很可能在本轮房地产调控中全军覆没。以温州地区为例，新建商品房比最高价时已下跌30%-40%，炒房者即便现在把房子卖出去，也已经资不抵债。

张鸣就是可能在这轮调控中破产的温州人之一。2010年4月，张鸣以单价8.1万多元/平方米的价格预订了温州某楼盘一个建筑面积400多平方米的1-4层的排屋，准备采用一次性缴纳的方式支付3800万总房款，除此之外，他还支付了500万元的购房定金。2010年下半年，政府出台"限购令"等政策。张鸣预感政策的极大转向，立即向开发商提出退房，并希望退回500万元的购房定金，遭到拒绝。

其后，张鸣未一次性付清购房款，开发商把张鸣告到法院。经法院调解，开发商愿降价近700万出售给张鸣。张鸣最终以3100多万元买下排屋。

张鸣表示,他购房用的3100万元全部来自于亲戚朋友,这些朋友大多以房产、企业等作抵押从银行帮他融资:"他们给我月息一两分,赚取一点利率差价。"

由于房地产调控以及2011年温州发生的民间借贷危机,温州房价大幅下滑。据温州中介人士反映,温州新房价格比2010年下半年房价最高位时,大幅下降了百分之三四十,有的甚至已对折。张鸣这套排屋价格也下降了30%以上。

张鸣的排屋为期房,三证不齐,并且是3个产权的组合,再加上房地产市场萎靡,以2000万的价格都难以卖出。张鸣忧愁地说:"就算2000万元卖掉,也完全不够'连本带息'4000万的成本。我现在不想卖房,卖掉也抵不上债务,现在天天被人追债,不卖我还有个房子住。即便现在把房子卖掉,还有10%-20%的资金缺口。"

"亏的多,赚的少。现在80%的人还套在里面,资产被掏空且已经资不抵债,只有两成温州炒房者全身而退。"温州资深炒房者陈先生说,温州炒房者融资比重过大,财务成本很高。就算之前房价翻番,但炒房者在频繁交易中,所得的实际利润也很有限。

房产泡沫的破碎好像已经近在眼前,这让许多看好房市的投资者百思不得其解。房子是市民生活的必需品,长期处在供不应求的状态下;通货膨胀近在眼前,投资房地产为资产保值增值刻不容缓,为什么房地产市场会在这时候出现衰退?

原因其实非常简单。首先,前期的房地产热潮有很大一部分是被炒房者炒作出来的,并不能真实地反映国内的供需情况;其次,房子虽然是居民生活的必需品,但价格很高,本身不适合成为一般投资者的投资选择;最后,国家为了应对通货膨胀的经济状况,采取紧缩的经济政策,贷款率不断上调,加大了市民买房的贷款压力。

林先生曾经割肉投资房地产,他玩得最大的一次,曾经说动了10位亲戚与他组成炒房团，一口气从一个楼盘中购买了20套房子，将其卖出以赚取差价。"那时候，房地产广告上都在大幅宣传自己楼盘的投资价值，每年租金的回报率啊、升值潜力啊等等，连媒体都在介绍房地产投资经验。我感觉全民投资房地产的时代已经到来，便把自己的全部身家都投了进去。开始的确很顺遂，但等我头脑冷静下来，开始计算自己的得失时才发现，其实每一笔生意都风险巨大，而且收益有限。"

对经济十分敏感的林先生开始了慎重的考虑，他意识到，我国人口太多，城市房地产从理论上来说的确满足不了市民的需求，供小于求的确是投资的黄金状态，但是国家不可能放任住房矛盾激化。房价的非理性增长源于一些炒房者的恶意炒作，已经严重脱离了应有的轨道。如果没有炒房者的资金支持，开发商就不会疯狂涨价，也不会导致现在炒房者深受其害，正常的投资者也被拖累的情况。

林先生已经把资金从房地产市场中撤出，他也提醒其他投资者："投资房产的收益不断减少，风险不断加大，我们应该意识到，房地产已经不适合作为投资产品了。"

通货膨胀时，房子应不应该买呢？自然是应该买，因为房子一直是国人眼中安家立业的保障，同时是我们资产的保障。

但"买房"不等同于"投资房子"。投资者应该调整自己的观念，不要继续把房子当成可以增值的投资品，而是把它当成自己的不动产，重在保值而非增值。

投资者在审视房地产市场时，要时刻关注相关政策的变化，不要相信"房屋供不应求"的市场假象，不要心怀侥幸地认为通胀是炒房的良机。温州炒房团的例子已经为我们敲响了警钟，聪明的投资者不会盲目地让自己的资产跟房产泡沫一起破碎。

楼市股市萎靡,外汇投资的优势在哪里

2012年,国内楼市情况恶劣,据国家统计局公布的数据:2012年1月,全国70个大中城市房价环比全线涨停,2月份,70个大中城市新建商品住宅(不含保障性住房)与上月相比,价格下降的城市有45个,持平的城市有21个,上涨的城市有4个。

据专家估计,政府坚决的调控态度使房地产市场从投资功能向居住功能回归。只要房价一天不跌,房地产投资的风险就处于过高的状态,再加上限购限贷等一系列措施的推行,投资成本过高,让投资者对房地产市场避而远之。

至于股市,从2008年到2011年,大部分股民处于亏损状态。2012年两会某提案显示,2011年沪深股市分别以21%和28%的跌幅领跌全球股市,全国股民损失面达87%,人均亏损约4万元,机构亏损超过4000亿元。

当前楼市的萎靡主要源于两方面,一是经济状况总体不景气,居民的购买能力有限;二是前段时间炒房热,房价虚高反过来激化了通货膨胀的现状。股市的不景气则更容易理解一些,因为金融市场的起伏始终追随着经济发展的脚步,再加上正好遇到股市的大熊市,所以此时投资股市不易盈利。

在楼市和股市萎靡不振的情况下,有心的投资者开始关注起了外汇投资。

所谓外汇投资,是投资者为了获取投资收益而进行的不同货币之间的兑换行为。"外汇"是"国际汇兑"的简称,有动态和静态两种含义。外汇的动态含义是把一国货币兑换成另一国货币,以此来清偿国际间债券债务关系的一种专门的经营活动;其静态含义是指可用于国际间结算的外国货币及以外币表示的资产。投资者常说的外汇,属于其静态含义。

与股市和楼市相比,外汇投资的优势就凸显了出来:外汇交易为双向交易,通过买涨和卖空,没有牛熊市之分,随时可以入市赚钱;市场有保证金交易制度,投资者可以通过杠杆比例,以小博大,用小资金赚大钱;交易的参与者都是全球各大银行和金融机构,不存在庄家,对于一般投资者来说相对公平;24小时均可交易;采用无佣金交易模式,交易成本比较低。除了上述以外,外汇交易还比较容易建立止损点,方便投资者在预先设定的止损点停止投资,从而把风险限定在一个可控的范围内。

外汇投资离不开经纪商,既然外汇投资要通过经纪商进行,那我们应该如何鉴别出优秀的经纪商呢?

第一步,我们可以看公司的注册地址,看看它是否在监管机构备案,是否拥有相应编码。一般来说,监管机构越多,监管越严格,公司越正规,我们的投资就越有保障;

第二步,确保我们资金的安全性,在汇款前要确认地址是不是公司的所在地;

第三步,考察交易平台的类型和稳定性。在正式交易之前,可以开通模拟账户,参与模拟交易来测试平台的稳定性;

第四步,考察点差,点差是选择外汇保证金平台的一个基本标准。点差越小越好,不过在选择时也要注意让保证金公司赚到钱,如果有公司声称自己的交易无点差或小于一般行业水准,那投资者反而要小心,因为这很可能是外汇黑平台。

老赵在网上分享过自己被外汇黑平台坑害的血泪史。他本身是个资深股民,2000年的时候进入了外汇投资市场,在投资过程中遭遇了许多骗子公司。

比如,有一个公司打着咨询公司、科技公司名号,其实却是从事外汇经纪、外汇交易的实体公司。老赵刚开始做外汇的时候，因为舍不得10个点到38个点的高额手续费，没有去银行投资，而是选了那些有实体门面的公司。看到那些公司宽敞的办公室、高素质的专业人员，便盲目地交付了信任。

实际上，这些公司不是真正意义上的外汇公司，只是一些境外平台的代理公司，注册名头的后缀往往是"投资咨询公司"、"科技公司"、"咨询公司"、"商贸咨询公司"、"投资公司"等。

老赵在这些实体店公司的坑害下输了足有50万，坑害的一般手段有：1.和黑平台合作，通过后台操作直接吃投资者的本金；2.给客户加很高的点差（通常是5到8个点），抹杀客户的获利空间。3.签订利益保障合同，用文字游戏吞掉投资者的资金等。

老赵反复提醒后入市的投资者，一定要提高警惕，谨防上当受骗。

我国的投资市场现在还有很多不规范的地方，投资者一方面要提高警惕，另一方面也不应过于畏手畏脚。当前外汇交易在一般投资者中尚属冷门，广大投资者可以先通过模拟炒汇来熟悉交易流程，并且考察平台的安全性。

外汇经纪商一般都会为新手准备模拟炒汇平台，初学者可以免费使用该模拟平台而不用注入资金，在完全同步的真实市场条件中，使用虚拟资金操作，用实践的方式来熟悉平台使用方法，掌握技巧，减少盲目操作，提高成功率，在有了模拟交易的经验后，投资者可以根据自己的风险控制水平，稳健入市。

不如选一只指数基金

"股神"巴菲特从来不推荐任何股票和任何基金,只有一个例外,那就是指数基金。据统计,从1993年到2008年,巴菲特共累计八次推荐指数基金。他曾经说:"我会把所有的钱都投资到一个低成本的跟踪标准普尔500指数的指数基金,然后继续努力工作。"

所谓指数基金,是一种按照证券价格指数编制原理构建投资组合,并且进行证券投资的基金。从理论上讲,它的运作方法非常简单,只要根据每一种证券在指数中所占的比例购买相应比例的证券,长期持有即可。指数基金的基金周转率及交易费用都比较低,管理费用也趋于最小。

大部分的指数基金会保持全额投资而非进行市场投机,不会对某些特定的证券或行业投入过量资金。所以对投资者而言,选择指数基金,就可以在享受较高收益的同时负担较小的风险。

指数基金相对于其他基金来说,有三大优势。

第一,指数基金费用低廉,其费用主要包括管理费用、交易成本和销售费用三个方面。由于指数基金采取买入并持有策略,不需要频繁换股,所以它的费用低于积极管理的基金,这个差异有时会达到1%-3%,由于复利效应的存在,在较长的时期里,其累计的结果将对基金收益产生巨大影响。

第二,指数基金可以分散和防范风险。由于指数基金是跟踪某一指数,按照指数构成分股,广泛地进行分散投资,任何单个股票的波动都不会对指数基金的整体表现构成影响,从而分散了风险。除此之外,指数基金参照的指数一般具有较长的历史可以追踪,在一定程度上可以预测风险。

第三,指数基金监控简单。由于运作指数基金不用做主动的投资决策,所以基金管理人基本上不需要对基金的表现进行监控。

指数基金被很多专业人士认作是"傻瓜式投资",很适合对股票市场不是很了解,同时没时间、没精力又怕赔钱的投资者。在市场环境良好的情况下,指数基金能获得市场平均收益率,同时不会错失任何分割市场的投资。某项学术研究指出,大约只有40%的股票基金长期超越大盘,但考虑销售手续费用后,大约只有20%的经理人能超越大盘,也就是说,一个进行指数基金投资的门外汉,其收益可能优于一位职业经理人。

陈先生在2009年年底分别购买了两只指数基金,2010年大盘剧烈下跌,他在11月中旬打开电脑一查,发现自己买的两只基金业绩天差地别:一只收益率超过21%,一只却亏损近20%。陈先生十分疑惑:属于同一家基金公司,被同一个基金经理管理的两只基金,差别为什么会如此巨大?

原因很简单,因为两只基金追踪的指数涨跌情况不同。

如何进行指数基金投资,才能抓住上涨的指数,使我们的资产不断增值呢?

第一步,选指数。

目前,国内总共有80多只指数基金,跟踪沪深300的指数基金最多,共有21只,跟踪中证100的指数有9只,还有许多其他的指数基金,跟踪的指数包括上证180、中证500、中证央企100等。每一只指数都有自己的特点,投资者在进行选择和判断时,要会看指数的覆盖面和风格。

比如说,有的投资者希望获得相对均衡的收益,那么可以选择覆盖面比较好的跨两市指数。有的投资者喜欢高成长性,追求高收益,那么可以选择一些成长性高的中小盘指数。有的投资者只求稳健,那么可以多多关注大盘风格指数。指数没有好坏之分,只看是不是符合我们的投资原则和规划。

第二步,看费率。

大多数指数基金都是跟踪指数、复制指数收益的投资工具,与主动投资的基金相比具有成本优势。

由于基金的管理费和托管费是按照基金资产以日计提的,所以投资者感受并不明显,经常会陷入不重视基金管理成本的误区,很多投资者甚至不清楚自己基金的管理费是多少。国内指数基金的管理费率介于0.5%-1.3%之间,托管费率在0.1%-0.25%之间,所以相较于主动管理资金,每年可以节省1%左右的成本。这些节省的成本就相当于额外赚取的投资收益,在长期投资复利的威力下,会使投资结果发生很大的变化。

目前我国的指数基金费率也存在一定差异。其原因多种多样,总体上看,ETF(交易型开放式指数基本)和LOF(上市型开放式基金)的费率水平较低。投资者在选择指数基金前,应该仔细阅读基金合同及招募说明书以了解产品特性和费率水平,而不是糊里糊涂地投资。

第三步,看指数拟合度。

投资者投资指数基金时,大都希望指数基金能完全复制跟踪指数的业绩表现,以求短期波段操作或长期资产配置的投资效果。因此,判断一个指数基金是否投资操作良好,主要看这只指数基金是否有较佳的复制指数表现,也就是市场关心的"跟踪误差"。我们可以通过查阅基金历史数据,了解基金以前的拟合表现。从理论上说,指数基金的拟合度受很多因素影响,比如基金团队的能力、基金资产规模的稳定性等。

第四步,看交易成本和便利性。

购买指数基金有两个渠道:一是通过投资者的开户银行或者基金公司网站购买指数基金;二是通过股票账户在二级市场购买指数基金,后者仅限于购买在交易所上市的指数基金。

指数LOF和ETF均属于后者,是在交易所上市的指数基金,如果是通过股票账户在二级市场买卖,二者就没有任何差别,我们只要输入基金代码，就可以像买卖股票一样方便地购买指数LOF和ETF了，无需填写银行的各种表格。除了方便购买外，指数LOF和ETF的另一优势是交易成本低。由于基金买卖不需要印花税，只需要交易佣金，单向交易成本最高不超过0.25%，所以与银行申购的基金相比有很大的成本节约优势。

在通货膨胀的市场背景下，投资者会发现，与其把时间花费在需要主动管理的基金或者是股票上，倒不如买一只指数基金来得划算。

投资型保险怎么买才划算

几年前，如果一个人从事的是保险行业，那么他上街肯定不好意思跟别人打招呼。早年国内的保险行业因为从业人员的素质较低，使得人们一听到"保险"二字就厌恶地直蹙眉。但实际上，当我们拨开保险业不规范的外衣，从投资角度去审视保险时就会发现，这是一条给自己的财富套上"救生衣"的好办法。

无论是王永庆还是李嘉诚，都给自己买了上亿的人寿保险。李嘉诚解释说："别人都说我很富有，拥有很多财富。其实真正属于我个人的财富是给自己和亲人买了足够的保险。"

为什么这样说呢？首先，保险可以帮我们为自己的财产保值。当社会经济出现动荡，或者是我们的生活出现危机时，保险会给我们提供一个喘息的机会。一旦风险来临，产业、股票、房产、古董、金条都可能贬值甚至直接损失，而保单这样的无形资产，却能在一定程度上拯救我们的身家。

其次，保险可以帮我们避债。根据我国《合同法》第73条，保险保单当中的现金价值不受民事债务纠纷的追偿。

企业如果遇到债务纠纷官司，法院第一件会做的事就是冻结企业名下的资产，如果公司是需要承担无限连带责任的私营企业和合伙制企业，法院还会冻结企业家个人名下资产。在这种情况下，保险中的现金价值就成了救命稻草。

最后，保险可以帮助我们合理避税。比如说世界首富比尔·盖茨，他拥有几百亿美元的资产，却把绝大部分的财产都拿来做慈善了，留给子女的只有几千万美元。很多人对此非常不理解："他为什么不多留点东西给后代享用呢？"答案其实藏在美国的遗产税税率表里：美国遗产税最低税率为18%，最高税率为55%。可以想象，比尔·盖茨的孩子拿到他的遗产，第一个反应不是狂喜，而是忧心怎么付得起遗产税。保险则可以免除这一方面顾虑，把保险的受益人填成子女，在保险到期以后，子女就可以获取这方面的收益。

投资者应该把适当的注意力倾注在风险投资上，人生世事无常，不出意外我们自然可以赚钱，出了意外，也可以把风险转化成收益。所谓保险，就是用风险来赚钱。

各式各式的保险不仅可以为我们提供保障，有些投资型保险还可以为我们带来收益，比如说投连险、万能险、分红险等。

分红险是保险公司在每个会记年度结束后，将上一会计年度该类分红保险的可分配余额，按照一定的比例，以现金红利或增值红利的方式，分配给客户的一种人寿保险。按照保监会目前的统计，分红险包括分红寿险、分红养老险、分红两全险，等等。

随着投资市场的跌宕起伏，各种各样的保险成了投资者的新宠儿。在诸多保险中，分红险发展十分稳健，数据显示，2009年保险企业的一大半保费收入来自分红险。2010年年初，很多保险公司都把分红险当成了主打产品。在通货膨胀的预期之下，分红险凭借稳健的收益和周到的保障，成为了保险市场的闪亮之星。

近些年，传统寿险市场逐渐被投资性现状吞噬，经过2008年的次贷危机，投资者们都意识到了稳健投资的重要性。于是，有"大病有钱治、没病能投资、定期就给钱、本钱没损失"保值功能的分红险,成为了很多投资者的首选。

随着国家经济政策的变动, 保险资金投资渠道得到了进一步的拓宽,保险投资基金也有望得到更好的投资机会,因此分红险会有更加可观的收入。

通货膨胀的社会背景对于分红险来说是阵东风。央行会根据通胀预期适度加息,这必然会使债券收益走高,分红险的投资回报相应也会跟着增加。

分红险依据其功能,可以分为投资险和保障险两类。投资型分红险以银保分红为代表,主要是一次性缴费的保险,五年到十年期,保障功能相对较弱,多数只提供人身死亡或全残保障,其收益主要来源于保险公司盈利分配。保障型分红险主要是带分红功能的普通寿险产品,如两全分红险或定期分红险等,重在保障功能,其收益主要来自于意外后的保费,和附加的少量分红收益。

投资者进行分红险投保时,应该仔细斟酌红利领取方式。红利领取的方式有以下三种:

1.累积生息。不推荐,因为红利放在保险公司是按基准利率复利滚存的,避讳继续产生红利。

2.抵交保险费。视情况,投资性不强。

3.购买交清增额保险。比较合算,是把红利全部投进投资者的账户而不扣除初始费用。

虽然分红险的保值功能十分出色, 且红利收益要高于银行储蓄收益,但投资者应该注意,分红险不能替代银行储蓄。因为投资者的分红完全取决于保险公司的盈利情况,如果公司没有盈余,那么消费者的红利收益也就无从谈起了。不仅如此,分红险的变现能力较差,如果投资者中途退保,就只能得到保单的现金价值,还要承担退保手续费。

投资者在购买投资型的保险产品时, 应谨慎考虑自己的实际情况和需求,如果是急需用钱的情况,那么最好不要选择保险。

基金定投只是稳健保本，不要一味追求高收益

投资者了解基金，就会多多少少听说过"基金定投"。基金定投被称作是"懒人投资法"，属于基金申购业务的一种方式。投资者可以通过基金的销售机构提交申请，约定每期扣款时间、扣款金额和方式，由销售机构于约定扣款日，在投资者指定资金账户内自动完成扣款和基金申购。

说得再直白点，就是由投资者选定一只基金，然后交给销售机构去执行。

基金定投的思路能在市场上被打开，源于它的独特性。

第一，平均成本，分散风险。一般投资者是很难掌握正确的投资时点的，经常会出现在市场高点上买入，在市场低点上卖出的情况。采用基金定投的方式，不论市场的行情如何波动，都在每个月固定的一天定额投资基金，自动依照基金净值计算可得到的基金份数额，这样一来，买基金的资金是按期投入的，投资的成本也比较平均。

第二，适合进行长期投资。由于基金是定时定额分批进场投资的，所以在股市盘整或者下跌时，也是定期定额分批承接，越卖越便宜，股市回升后的投资报酬率也胜过单笔投资。不仅如此，对于我国投资市场而言，长期来看是震荡上升的趋势，因此基金定投非常适合进行长期投资。

第三，适合投资新兴市场和小型股票基金。中长期基金定投比较适合波动性较大的新兴市场或小型股票，因为这些投资项目价格回调耗时较长、速度比较缓慢，但上涨时速度非常快。投资者可以在股市回调期积累足够多的基金份额，并在股市回升时获取比较高的投资报酬率。

第四，自动扣款，手续简单。基金定投只需要投资者到基金代销机构办理一次性的手续，十分便利。

近年来，投资市场不断动荡，越来越多的投资者都放弃了单只选

154

股、独立操作的投资办法,把目光放到了"人多力量大"的基金投资工具上。在进行基金投资时,基金定投这个看起来一劳永逸的办法就成了许多投资者的心头好。

基金跟传统炒股的差别就在于,过去是投资者自己选一只股票,然后自己去关注股票的走势,判断买入抛出的时间,需要投资者们自己在证券交易中心或者在家中盯住大盘和K线图,留心各种消息。而现如今的许多投资者则在选好股票之后,让基金管理公司去判断买入卖出的时机,通过基金定投的方式,让自己的钱一批一批地进入到投资市场,轻松地坐等基金带来的丰厚财富流入自己的口袋。

问题是,"定投基金也能成为千万富翁"只会出现在投资机构和基金管理公司的广告里,不费钱、不冒险还有高收益,哪里有那么好的事情呢?

据有关资料显示,大部分进行基金定投的人既没赔也没赚,基金定投的合理预期回报通常只是市场的平均收益水平,追求高收益的投资者并不适合基金定投。

所以,投资者在进行基金定投之前一定要经过慎重考虑,摆正心态,不要一味追求高收益,而是要追求稳健保本有收益。对于一般投资者来说,定投基金的方法比买股票、银行理财产品或者投资型保险要稳定,只要能充分认识到基金定投的收益特点,对自己的投资方式进行适当的调整,还是可以获得令我们满意的收益的。

投资者在选择基金进行基金定投时应该注意以下几点:一、根据自己的风险承受能力和投资目的安排基金品种的比例,在购买偏股型基金时要设置投资上限。二、注意鉴别基金的优劣,不要被火爆的表相弄花了眼睛。三、注意对自己的账户进行后期养护,不可以扔着不管,要经常关注基金网站的新公告,更加全面地了解自己所持的基金。四、不要太过看重基金净值,基金的收益率高低只与净增长率有关。五、切忌喜新厌旧,盲目追捧新基金,新基金虽然有价格优势,但是老基金有丰富的运作经验和更为合理的仓位。六、不要片面追买分红基金,基金分红是对受益者前期收益的返还,把分红方式改成"红利再投"比较合理。七、不要以短期涨幅论英雄。对于基金这种中长期投资工具,用短期涨幅评价其优劣显然是不科学的。八、注意灵活选择稳定的定投和实惠的红利转投等投资策略。

根据自己的需要,理性地使用基金定投,并在投资过程中维护好自己的账户,相信我们都可以在动荡的环境中成功为资产保值,并且获得一份相对稳定的收益。

关注银行的理财产品

最近去银行处理资金业务的投资者,十个里面有八个会被营业点的理财经理拦住,推荐理财产品。不仅如此,银行门口的电子屏上也滚动推荐着各种不同的理财计划。银行的理财产品是否适合投资呢?能为我们带来多高的收益?有没有风险?这是投资者最关心的一些问题。

王先生手中有一笔20万的定期存款到期,当他在广发银行为这笔到期的定存再次办理存款时,一位理财经理向他推荐了正在热销的一款理财产品"薪加薪16号"。

据理财经理介绍,这款理财产品的购买起点金额是5万元,年收益率最低为2.0%,最高可达到5.1%甚至6%。该产品主要投资于债券市场、货币市场,以及挂钩美元兑港币汇率水平的衍生产品。它的收益率与美元兑港币的最终汇率水平挂钩,即美元兑港币汇率维系在7.5至8.5的波动范围内。王先生考虑了一下,认为该产品风险低、收益高于定期存款利率,是可以轻松简单理财的方式,于是他把自己的20万投入到了"薪加薪16号"中。

　　银行理财产品是近些年商业银行推出的一些适用范围很广的理财计划,他们的优点在于投资起点价格较低、收益预期较高、风险较小且资金流动周期较短。不仅如此,很多与利率联系紧密的理财产品还有很好的抗通胀能力,在通货膨胀来临的时期,是非常不错的投资工具。

　　当然,像我们书中已经反复强调过的,只要是投资行为,就会存在一定的风险。如果我们在投资之前不认真调查投资对象以及它所挂钩的市场的话,是不能达到投资目标的,甚至会遭遇"零收益"的状况。

　　2011年5月,原油、黄金、白银等大宗商品价格暴跌,国际股市大幅波动,许多相关结构性理财产品的收益蒙受巨大损失。多家商业银行的挂钩汇率的结构性产品,也出现了零收益甚至负收益。

　　2011年上半年,我国共有30只汇率挂钩产品发行,几乎是2010年全年的发行量。但这些产品有不少都令投资者大失所望。据普益财富发布的报告显示,招商银行在5月到期的一款挂钩欧元兑美元汇率的结构型产品("焦点联动系列之汇率表现联动理财计划"),由于在观察期内,欧元兑美元汇率跌破了区间下限,所以在到期时收益率仅为0.5%。

　　投资者对银行往往有着盲目的信任,这与我国的国情有关系。许多投资银行理财产品的投资者,都是在选择投资项目时被理财经理忽悠得失去了自己的判断力,糊里糊涂地就签了字。所以在这里要提醒投资者,在购买理财产品之前一定要考虑清楚,不能银行说什么我们就信什么,就像我们在买电器时,不能因为导购员把自己的产品介绍得天上有地上无就付款一样。

　　由于银行理财产品在国内属于比较新的投资项目,所以我们在进行购入和持有时往往会进入一些误区。

　　常见误区一:认为投资理财产品就是存款。

　　银行不仅仅能提供存款贷款这两种服务,我们在选购理财产品之前要清楚地了解理财产品与存款的区别。

　　存款的目的在于保存资金,获得的利息只是附加部分,且存款模式十分有限。而银行理财产品是一种投资产品,购买的重点不是"保存投入本金"而是"获取尽量多的收益",种类繁多,覆盖面极广。

除此之外,银行理财产品和存款的流动性也有差别。我们在存款时,可以随时支取,定期转活期,损失的只是部分利息收益;而很多银行理财产品并不是每天都能赎回的,对于急需用钱的投资者来说,即使他本人愿意承受收益的损失,也不一定能提前终止合同,所以投资前一定要对此有所准备。

误区二:把预期年化效益当成实际效益。

预期年化收益是什么? 就是经过计算之后得出的一年能获得的收益的预估。预估的结果当然不同于实际的收益,有许多投资者在进行投资时都只看到了广告中大数额的百分数,而忽略了这一事实。

另外,对一年期或一年期以上的银行理财产品来说,预期年化收益率的概念我们很容易理解,就是一年到期后的收益率;而对于现在很多少于一年期限的理财产品,就需要我们留心了,因为其合约中标明的预期年化收益率仍是以一年的期限来标明,我们的实际收益需要自行平均到相应期限来计算。例如,半年期理财产品的收益率大致是合同中预期年化收益率的1/2。

误区三:把到期日当成到账日。

到期日是我们投资结束的日子,到账日是收益和本金回到我们账户中的日子。银行理财产品对于赎回期限有着相应的规定:在到期日时赎回,才可获得合同约定的收益,若要提前赎回,则有可能不被允许,或需支付一定的提前赎回手续费,如果在提前赎回的时期市场情况不好,那么投资者可能要承受亏损。

比如说我们购买了一个半年期的理财产品,到达到期日后,钱不会立刻回到我们的账户中,而是需要等待2-7个工作日,在银行方面完成结算后才会到账。这一点,在我们签订的理财产品购买合同中会有明确标注。

第七章

投资市场不景气，规避风险比争取利润更重要

从投资一开始，就要设定好退出条件

　　投资者都是冒险者，但并不是所有喜欢冒险的人都适合做投资，我们想从市场中获取利益，就要学会审时度势而非肆意冒进。

　　水手们可能会享受跟风浪搏斗的过程，船长却会审视风险衡量得失，这就是只能赚小钱和能获得巨大财富的人之间的差别。在变幻莫测的投资市场中，没有人是常胜将军。能够"独孤求败"的投资者，要么已经离开了市场，要么永远没赚过大钱。

　　从现在国内的经济局势来看，通胀预期不断变动，CPI指数不断冲高，预示着通货膨胀的可能；自2008年美国次贷危机之后，国内股市一

直萎靡不振；国际黄金、原油等价格下跌；国际局势日益严峻复杂，外汇市场让投资者如"雾里看花"；国家不断出台房地产限购限贷令，房产泡沫几乎一碰即碎……显然，投资市场并不景气。

所以，我们投资者一定要打起精神，提高警觉性，把规避风险放在投资的第一位。在进入市场时，就要做好失败的准备，为自己设定好退出市场的条件。

说到经济不景气，就一定会说到1987年的美国股市大崩盘。有些人在这一次股灾中倾家荡产，再难翻身，有些人虽然也受到了巨大的损失，但是并未伤及根基，留下了东山再起的可能。在金融界有"金钱豹"之称的索罗斯就属于比较幸运的后者。

1987年股灾之前，索罗斯预测日本证券市场即将走向崩溃，并且十分看好美国市场。为了规避风险，他把自己几十亿美元的投资从东京转移到了华尔街。不久之后，大崩盘果然到来，只是不是发生在日本，而是从华尔街开始。股灾当日，美国股市道琼斯指数下跌了22%。在其后的两个星期中，索罗斯损失了8.4亿美元。

索罗斯立刻认识到了自己的错误，认为情况已经达到了自己预先设定的退出条件，于是当机立断采取了行动，开始抛售股票。据亲历了这件事情的巴洛恩回忆道："股灾之后，许多交易商都捕捉到了陷入困境的大商团的信息，他们有计划地围绕吞噬着'猎物'，被拍卖的股票从230点下降到220点，到215点，再到205点和200点，越来越多的交易商参与到收购之中。"索罗斯是在195点和210点之间进行抛售的，这种行为十分罕见，因为这不是交易过程中的主动抛售，而是索罗斯集团的抛售，这种行为使期货交易的现金折价率达20%，低于买卖合同中现金总额，5000份合同中的折价达2.5亿美元（期货经营公司的经理们承担了这部分钱）。索罗斯集团退出期货市场之后，期货市场马上恢复了正常，在244.50点结束。在这一天中，索罗斯损失了2亿美元。

作为投资业的佼佼者，索罗斯对这些情况是有所预计的。在他开始抛售股票时，就知道其他交易商会借机猛砸抛售的股票，以便获得更高的利润。可即便如此，索罗斯还是以壮士断腕的勇气亏本甩卖了被套股票。为此，《巴隆周刊》曾在1987年刊出一篇长文，专门讽刺索罗斯在底部出清的愚蠢行为。

可事实证明，懂得金融市场投资之道的索罗斯才是赢家，在股灾发生的1987年，索罗斯的量子基金财富上升了14.1%，资本增长了18个亿。索罗斯本人在《金融世界》发表的《华尔街所获报酬最高人》的年度概览中排名第二，收入7450万美元。

投资市场就像是战场，可谓是步步惊心。当然，一般投资者不像金融大鳄，亏损的金额要以"亿"来计算，抛售股票就会带来投资市场的血雨腥风。但是成功投资者的经验是值得我们借鉴和学习的。

成功的投资者在进行投资时，总会给自己留下一条后路。我们只有学会判断什么时候该进攻、什么时候该撤退，才能在战斗中取得胜利。只知道进攻的投资者，早晚有一天会吃大亏，亏到连重新入市的资本都丢掉；而一遇到危险就撤退的投资者，基本上就与发大财的机会说再见了。

社会经济是动荡发展的，当前处于不景气阶段。在这时，无论投资者选择什么投资产品，都要冒巨大的风险。当然，有风险并不意味着我们不能进行投资，而是需要我们在规避风险的基础上，在为自己的资产保值的前提下，再去思考资产增值的问题。

就像索罗斯在1987年所做的那样。虽然他在股灾中蒙受了巨大的损失，但是没有让失败威胁到自己事业的根本——量子基金。我们在进行投资时也该如此，无论投资市场如何动荡，都不能拿全部身家去赌，不能让投资的挫折影响到正常的工作生活。

所以，投资者在进行投资时，一定要学会有效地运用资本转换，进攻时就勇往直前，撤退时就果断离开，从而达到规避风险、提高收益的目的。

熊市中如何把风险降到最小

股市中的一些忌讳是很有意思的,比如喜红色忌绿色,喜欢听"涨"不能听"跌",甚至相声里都讲到,有的男股民会因为小孩儿叫自己"爹"而不是"爸爸"暴跳如雷。

股市中有各种各样的股市术语,"熊市"和"牛市"就在其中。因为这样的说法,大部分投资者都更偏好于牛这种动物。

在股市中,熊市意味着市场低靡、发展缓慢,没有热点板块和热点股;牛市则意味着股市形势一片大好、大盘走势喜人,基本上入市就能赚。为什么会有这样的叫法呢?

"熊市"这个说法的来源是很有趣味性的。熊这个股票术语出现在19世纪早期的美国股市,最早指因为预计股价会跌就卖掉将来才发行而现在还没到手的股票,这样会使得投机商用较低的价格购入股票。这些投机商被称为牛皮批发商(源自词组 sell the bear's skin before one has caught the bear),久而久之,这个词组就用来表示对于股价越来越不乐观。后来,为了区分市场的升跌,投资者们用健步向前的牛作为涨升的象征,寓意向上的趋势不可阻挡;把倔强好纠缠的熊作为下降的象征,表示下跌结束的遥遥无期。

没跌倒过的小孩不算是学会了走路,没经过熊市考验的投资者也不能算是成熟的股民,对抗熊市是股民获得财富的必经之路。我们要做的,就是在经济不景气的背景下,尽最大可能把风险降到最小。

要做到这一点,我们首先要具备良好的心态,做到不躁、不慌、不悔,改掉盲目杀跌的习惯。

所谓不躁,就是不自暴自弃,不要因为一时冲动就拿自己的资金账户出气,进行赌气式操作,造成资金出现巨额损失。所谓不慌,就是要看透股市有涨有跌的规律，放平心态，趁股市低迷时多做研究学习，积极选股，为接下来的牛市做准备，以免行情好转时又犯追涨杀跌的错误。所谓不悔，就是正视自己已经犯下的错误，尽快摆脱懊悔心理，从失败中学习经验，提高自己的操作水平，以免落入连续操作失误的恶性循环中。

盲目杀跌是新老股民都容易犯的错误，实践告诉我们，在股市暴跌时不计成本地盲目斩仓很不明智，止损应该选择目前浅套而且后市反弹上升空间不大的个股进行。对目前下跌过急的个股，投资者可以等待其出现反弹行情后再择机卖出，不要着急挽回损失。

老王是一个炒股十多年的老股民，2008年次贷危机之后，股市一片低靡，老王的资产也受到了严重的影响，但他凭借自己丰富的炒股知识和多年的炒股经验，为自己总结了应付熊市的三招：

第一招：生命就是最大的财富。股市的道理跟人生是一样的，只要还有市场，投资者就还有希望。老王告诉自己，只要坚定信心，以高瞻远瞩的长线眼光看待市场，就能看到希望。

第二招：选好股之后立刻关电脑。"这是老王屡试不爽的一招，从2003年开始的熊市中老王得出经验，只要自己拿的股票不是彻头彻尾的垃圾，那么到了牛市来时，就不可能被套着。股民要做的，就是克服恐惧，坚持不盲目卖出，静待牛市翻身。

第三招：充分掌握各种资料和信息。在熊市时，老王总是把他重仓股票最近三年的年报和最近一期的季报打印出来放在手边，每到信心几尽崩溃的时候，就会去细细品读这些报告，不断重温公司管理层的奋发图强和公司业务蒸蒸日上的情景，以此来获得信心，让自己冷静。

除了好的心态，正确的操作方式也可以帮助投资者尽量降低风险：

1.熊市中，遭遇利空的个股，投资者应第一时间逢高出局以免深度套牢。

2.出现中长线利空的行业,应逢高只出不进。比如钢铁、建材含水泥、房地产、纺织、建筑机械、部分医药行业。

3.熊市的特点就是"不断创新低"。因此,熊市中阳线是假的,应该逢阳线卖;阴线是真的,应该逢阴回避。

4.熊市中,弱势股最好不要碰,往往其基本面有"地雷",所以才阴跌。

5.在卖出的时机问题上,股指反弹一天半到两天就卖。

6.盘中只要继续出现急跌股、跌停板,不管技术指标是否超卖,仍不看好。

7.熊市中出现利好,是逢高卖出的好时机。

8.熊市中阻力位上放量的时候,是较好的逢高卖出的时机。

9.熊市下跌途中只要出现十字星,往往就是反弹终结信号。

10.熊市下跌途中,领先上涨的股票,往往没有板块效应,属于超跌反弹。

国外楼盘扎堆来叫卖——谨防"看上去很美"

国人对土地总是有一种非同寻常的执念,我们总是希望有一个房子承载我们的"家",当然,如果这栋房子同时还具有投资价值、能为我们带来更多财富就最好。随着国家一系列抑制通货膨胀、规范房地产市场的政策出台,国内房地产市场的收益逐渐减少、风险逐渐变大,让许多准备投资房地产的投资者败兴而归。

近些年,随着国内房地产市场的不景气,国外楼盘开始抢占市场,成为了投资者的新选择。

第七章

投资市场不景气，
规避风险比争取利润更重要

2012年5月，在北京2012年春季房展上，有超过20个国家和地区的100多家参展商带来众多海外地产项目。这些房地产商大都打出了十分诱人的广告语，如："俄亥俄州土地，最低只需不到9000美元。房屋建成后，每年的租金回报率可维持在15%以上。"等。

近年来，海外售楼军团开始入驻中国市场，美国、澳大利亚、加拿大等众多海外项目，老外把房屋土地卖给中国人已经不是一件新鲜事了。

四季房展的相关负责人介绍说："从北京房展会来看，海外地产项目是一届比一届火爆，每一届基本上都有近25%的增长率，从最早做的十几个展位，到现在100多个展位。这纯粹是市场形成的，确实是有需求。"

在2012年的北京房展会上，除了参展国家更广之外，房屋参展类型也变得更加丰富。以前的投资项目主要是房地产，这次则增加了智利和巴西的房产，南美洲、美国酒庄和法国酒庄，给投资人带来的选择更多。

国内投资者把视线投向国外楼盘，首先就是被其较为低廉的价格吸引。受金融危机影响，海外房产价格大幅下跌，加之国内市场调控，国内房价波动不定，这就使国外的楼盘有了一定的价格优势。

其次，国外楼盘也有其独特的附加价值。据了解，关注海外置业的人群，其购房目的基本上可以分为三类：移民、投资、休息旅游。其中，前两项所占比例逐年上升，仅移民一项就占到三成。美国、澳大利亚、加拿大等深受欢迎的传统移民国家都打出了"投资移民"的旗号。

最后，随着改革开放，中国出现了一批相对富裕的家庭。这些有闲置资产的家庭，出于对孩子教育、养老和生活环境的考虑，也愿意去海外投资定居。房地产调控之后，有很多投资者都在寻找投资闲散资金的新渠道。

2007年，祖籍浙江温州的陈先生，因为孩子曾经在英国留学，所以在剑桥大学附近买下了一套房子，在孩子毕业回国后，他把房子委托给当地代理商出租至今。他每年都可以从这桩海外置产中获得房租(须扣除租金所得税)。这笔在很多人眼里很合算的买卖,陈先生说起来却有些后悔:"国内资本市场近年走势颇好,当时如果这笔钱投在其他领域,恐怕收益更大。"

无论在哪里,房产投资都是一项长期投资,需要投资者进行慎重的考虑,毕竟,外国的月亮不比国内的圆,而外国的税收政策、房价波动、汇率变动都可能给投资者们带来麻烦。如果不进行现场考察就冲动购买,很可能买一套就被套牢,得不偿失。很多业内人士称,从投资角度来看,海外置业并不合算。

在国外投资房产项目,我们需要承担的成本并不是一次性的,而是由许多部分组成的。

在国内购房,投资者买房是一次性成本,持有房地产成本很低;而国外楼盘虽然售价不高,但是持有成本十分可观:购房、持有、出售这几个环节都有自己的成本。在购房阶段,某些国家或地区对房地产的维护有要求,对于空置的房屋,要收取高达房价1%-2%的税费。在房屋持有阶段,业主还要依物业估价每年向市政府缴物业税,如果持有时间超过十年,累积起来就是一笔巨款,一般来说,越发达的国家,房产的持有成本就越高。不仅如此,海外房地产还会按年征收资金所得税,有的国家对不动产的市场收益还会征收资本收益税。

除此之外,投资者还要考虑到政治风险,当前国际关系十分复杂,我们购置的海外房产很可能要蒙受政策性损失。

投资者如果选择海外置业,就一定希望可以获得较高的收益。那么海外楼盘的收益能力究竟如何?其实非常有限。海外楼盘的年回报率通常不超过3%,与同期中国地产市场高于10%的回报率难以比较。许多国家的房产业在金融危机之后,预计还需要五到十年的时间才可能重拾升势,升值空间有限。

不仅如此,海外楼盘的交易极易受到汇率波动的影响。人民币兑美元不断升值，以美元计价的海外房产价值也就不断缩水。再加上欧洲债务危机影响，欧元兑人民币贬值预期一直存在，这些都增大了在欧洲置业的投资收益风险。

所以投资者在选择海外楼盘时一定要保持理性，要认真详细地了解当地房地产的相关政策和信息，避免投资风险。另外，海外置业一定要根据个人资产状况、家庭状况来选择适合的投资方向，一旦进入操作程序，最好是委托专业机构来办理相关手续，这样也可以尽量规避一些风险。

艺术品收藏步步有陷阱

2012年，有个叫《步步惊心》的电视剧火遍大江南北。这个现代人穿越到古代的故事，看得许多艺术品投资者感慨万分，发出"艺术品收藏市场也是一部《步步惊心》"的感慨。

在一个寻宝节目中，一位艺术品收藏投资者展示了一件外形酷似暖水瓶的藏品。据他自己介绍，那是一个明永乐青花热水瓶。因为明代的时候没有制造内胆的工艺，所以装开水进去后，要用棉被包起来保温。同时他还声称，这是郑和下西洋装开水用的。

该藏友的证据，是青花热水瓶底的文字："明成祖内阁司礼太监御宝、大明永乐六年戊子秋。"他觉得如果这件藏品是真品的话，市值应该在100万元以上。可现场的专家跟观众都笑了，专家指出，破绽就在瓶底的字上："一般来说，没有把皇帝的帝号写上去的，明成祖，清世宗，是皇帝死后追尊的名号，没有这么写的。"

显然，明朝的真品底部不可能有这样的落款，这个所谓的明青花暖水瓶是不折不扣的赝品,这样的"穿越"让人感觉十分荒唐。

现代人的投资意识越来越强,似乎每个人都想要抵抗不景气的经济状况,为自己的子孙后代留下一些有价值的东西。"传家宝"在这时就成为了很多投资者的选择,将资金投资到艺术品中,既可以获取财富上的收益,又可以为资产保值、为后代留下有意义的遗产。

只是这种以保值为目的的艺术品收藏投资,却往往让投资者吃大亏。因为艺术品投资对投资者的要求较高,并不像银行理财产品或者基金产品那样可以有专业人士代劳,加上藏品的价格普遍较高,所以投资艺术品收藏风险很大。

北京的年先生是个搞收藏投资十多年的老手,一个偶然的机会,年先生看到一个自称鉴定拍卖一条龙服务的公司在做宣传,就将几年前花2000多元买下来的一块奇石拿去请"专家"鉴定。"专家"告诉他,他这东西值800万到850万人民币。

年先生顿时大喜过望,几千块买的东西居然值800万,当即决定将宝贝放在这家公司拍卖,还交了2000元图录宣传费,等到拍卖当天,年先生才发现一个买家都没有。年先生计算了一下,发现宣传图上有近千件拍品,按照每件拍品2000元的图录费计算,除去印刷成本,拍卖公司至少坐收100多万。

年先生这样的案例并不少见,实际上,有许多几十元、几百元买来的赝品,到了所谓"鉴定专家"的手里,有的明知是假货,也可以开出真品的证书。

投资者在投资过程中,要注意以下这些常见陷阱:"假书博信任"、"故事抬身价"、"结论有真伪"、"天价鉴定"、"滥收服务费"等。

假书博信任:一些造假者、贩假者为了牟取暴利,往往将赝品通过非正规渠道编著出版,给这些赝品加上假身份,以博取收藏投资者的信任,然后高价售出。所以,我们在购买艺术品时,不能仅仅依靠艺术经营者的宣传,更要主动学习艺术品类收藏投资的相关知识,多咨询专业人士的意见。此外,还可以通过拨打电话给图集的出版社,向责任编辑咨询书画的来龙去脉,辨别真伪。

故事抬身价:艺术品收藏讲究传承有续,越是有故事的藏品价值越高。所以,艺术品市场中的出售者在推荐作品时经常会提供很多有趣的故事,比如这个古董是在某个偶然的机遇从某地方挖出来的、由某某大家收藏过或鉴定过的,等等。由于这些故事是杜撰的可能性极大,所以投资者可以把故事作为参考,但决不能让它们成为购买作品的依据。

结论有真伪:目前市场上存在艺术家、艺术家亲属或其他关联人为某种目的,把假的说成真的。比如,某艺术家看到藏家拿来的是自己早期水平较低的作品,觉得拿不出手,就故意把它说成是赝品;也有艺术家或者其他关联人,为赚取利益,把假的说成真的。所以投资者不可以盲目听信与作品有相关联系的人的鉴定结论,要听取多方意见。

天价鉴定:有的文化机构利用藏家"藏有所值"的心理,借安排"鉴定专家"鉴定藏品,开出诱人的参考价格引诱藏友签订合同,委托"拍卖",以骗取服务费用。实际上,在拍卖公司主持的文物艺术品拍卖中,拍卖前虽然有鉴定的环节,但一般是由拍卖公司自己聘请专家进行,鉴定的目的仅是为了确定标的是否能够达到拍卖的要求,而不是真伪。所以投资者在将藏品进行拍卖前,最好选择具有拍卖资质的拍卖企业进行委托拍卖,保护自身合法权益。切勿盲目相信一些所谓"文化公司"、"交流公司"等,他们不具备拍卖资质,"帮忙拍卖"的承诺很可能是句空话。

滥收服务费:按照国内拍卖行业惯例,拍卖公司只在拍卖后向委托人收取一定比例的成本费,甚至很多公司都承诺拍卖未成交的不收取任何费用。此外,海外的拍卖公司也没有在拍卖会前收取手续费的惯例。而现在国内的某些拍卖公司,利用藏家迷信自己的藏品、急于高价出手的心态,采用事前收费。这样一来,即便是没有拍卖出去,藏家也因为事前交了钱、签了合同而无法反悔。这就是变相地把风险转嫁给藏家了,所以投资者对拍卖公司在拍卖前收取鉴定费、评估费、宣传费等各种费用,一定要保持警惕。

股市不景气,要不要买股票

证券市场是金融市场的传统前沿阵地,投资市场一旦不景气,股市和股民便第一个中枪倒地。

孙鑫现在一提起股市来就会忍不住苦笑,作为广大散户中的一员,他用10万元资金在股市里艰难前行,现在还有两只股票仍被套牢。

"怎么解套?两只股票都是2008年6000多点买进的,割肉解套就要面临30%的损失。"孙鑫解释,"2010年我尝试着补救,在股市低点的时候又补仓了几只,在股市上涨到3400多点时赚了20%,把我高兴的,以为这次可以弥补那两只老股票的损失了,没想到遇到了'11.12'大跌。调整完了我一看,我那20%的盈利已经化为乌有了。"

这位老股民经常对他身边的人说,现在的股市不是小股民玩得起的,想要靠股市赚钱实在是太难了。

股市,是投资市场的代表。股市中的高收益吸引着投资者前赴后继地杀入其中,可在当前股市不景气的情况下,我们需要思考的不是"买什么股票",而是"要不要买股票"。当前的复杂情况就是股市自己划下的一道门槛,并不是每一个投资者都可以跨过这道槛进入股市的——否则很可能钱包鼓鼓得进去,腰包空空得出来。

第七章

投资市场不景气，
规避风险比争取利润更重要

王女士今年36岁，是一家中型外贸公司的财务总监，金融专业毕业，有注册会计师资格证。长久以来，她一直持有几只传统行业的股票，赚了不少钱。2007年大熊市来临的时候，吴女士在股市一路飙升还没触及顶点时，将三分之二的资金从股市中撤出购买了自住房，非常幸运地只被套牢了一小部分资金。

到了2011年，王女士却赔得一塌糊涂。2010年10月，她用30万元陆续购买了赣粤高速等几只传统股，结果股市持续调整，使她的资金被越套越紧。到了2011年年底，她忍痛割了10000股赣粤高速，买入的时候将近9元，卖出的时候却不到5元，这使她赔了四成。"30万元的本钱，现在还剩下15万左右，中间我卖了一点股票，抽出两万多，剩下的都赔了。我老公更惨，跟我同时进股市，10万元的本钱现在就剩4万。"王女士已经作出决定，今后有钱要去其他领域投资，因为股市实在太令人伤心了。

一个人会不会投资，能不能炒股成功，跟他受教育的程度和累积的经验没有直接关系。想在股市中赚到钱，特别是在当今个景气的股市中获得成功，我们必须认真判断股市是否适合我们进入，如果适合的话，我们又应该怎么买股票。

首先，资金有限的小股民不适合在股市不景气时进入市场，就像上面例子提及的，当前经济局势不明了，股市中会不断发生调整，资产比较少的股民很难构建资金的安全边际以在股市立足。一般来说，如果我们的投资资金不足10万元，最好还是选择股票以外的投资工具，比如银行理财产品等。

其次，资金充足的投资者不但要保持良好的心态，也要谨慎关注政策走势。只要我国经济还在不断向前发展，那么股市就一定会迎来新的春天，特别是进入2012年之后，很多投资专家都在预测牛市的到来。我们既然选择了进入股市，就要对大盘和自己充满信心，坚持长期投资，不要被动荡吓退。与此同时，我们也要关注政府推出的宏观调控政策和平稳增长措施计划，这两者会催生出很多热点题材和热门板块，很适合投资者进行投资。

那么哪些题材和板块比较热门，适合在不景气的时候进行投资？

第一，积极财政政策惠及的行业。未来的财政支出方向会集中在三个方面，一个是2011年应该投入却没有实施的项目，如智能电网、电信等，一个是"十二五"计划的后续项目，比如城市轨道交通、水利、环保、新能源以及信息化这些方向，还有一个是在未来一段时期支撑国内内需的项目，比如家电更新升级、电子产品与汽车消费、服务及文化消费等。

第二，符合产业结构发展方向的行业和公司。对国内新闻有一定了解的投资者都知道，大力发展战略性产业是我国经济结构调整的必经之路。未来5年，政府将会投资10亿元到相关产业，个股和相关行业股一定会从中获益，很适合我们投资。

第三，资金实力雄厚、拥有逆周期扩张能力的公司。经济调整频繁，给了大公司进行资产重组的契机。大鱼吃小鱼的结果就是大公司的实力得到再一次壮大，所在市场缺乏趋势性上涨的现在，兼并重组主体是热点。

热门的板块和题材虽然会不时出现一定的上涨，但因为股市整体不景气，所以许多投资者的信心不强，心态不稳，造成这种上涨的持续性不强，就像2011年的高铁板块，只走强了一个多月就又归于无声了。所以，我们在进行投资时一定要冷静持股，认真观察，及时放手，万万不能贪心。

钱币收藏"发烧友"如何防止被骗

这两年，我们看电视时经常会看到电视直销里在卖纸币，两个主持人喊得天花乱坠，好像他们推销的不是纸币而是金砖。由于电视销售的风评一直不好，所以投资者难免会产生怀疑："收藏纸币真的能赚钱？"

收藏钱币是可以赚钱的，纸币更是掀起了继股市、楼市之后的第三波全民投资热潮。

李先生在2007年购买收藏了3套2000年发行的"迎接新世纪"连体龙钞，两连体，每张面值200元，是他在收藏市场以每张2000元的价格购买的，2011年，他到萍乡古玩市场去了解自己收藏的纸币的价值。

萍乡收藏协会法人代表赖先生告诉他，2000年11月28日，中国人民银行"迎接新世纪"100元塑料纪念钞，发行量为1000万张，每张面值100元，其中20万张用于装帧发行双龙连体钞，计10万套，当时发行价只有300多块，几年后迭创天价，到2010年年底，市场收购价已经达到2000元，2011年3月，价格已经飙升到17000元。也就是说，李先生花6000元买的三套双龙钞，在2011年价格已经变成了原来的八倍，达到了50000余元。

赖先生还告诉李先生，2008年7月发行的奥运纪念钞票，大陆的10元券、香港和澳门的20元券，都已经翻了数十倍至数百倍不等，大陆的10元纪念钞也已经飙升至5000元上下。

这几年，上证指数不断徘徊，股市不景气；楼价在调控的影响下停滞不前，楼盘投资不再划算。相比之下，钱币市场可谓是迎来了一个大牛市，无论是纸币还是金银币，隔年涨幅翻番的品种都不在少数。不少钱币市场的业内人士分析，钱币收藏的行情应该会越来越好。

投资哲学
Investment philosophy

钱币收藏分为金银币收藏和纸币收藏。金银币，就是我们平时逛收藏市场时可以看到的各种各样的古币，以及国家发行的各种金银纪念币等。纸币，则是各国各个时期的纸币。

在这里有一点需要投资者注意，并非所有的纸币都有收藏价值。有收藏价值的往往是有特殊意义的纪念币或者是发行量非常有限的错钞。

马鞍山的吴强是个钱币收藏"发烧友"，2009年6月，他像往常一样去藏品市场溜达，结果被一个叫李乐的男人拦住。李乐自称也是钱币收藏爱好者，对吴强很敬仰。两个人聊了一会，一个男子神色匆匆地走过来向两人打听："你们知道哪里有收藏钱币的玩家吗？"李乐来了兴致，问："朋友，你有准备出手的钱币？"并且向那个男子介绍说，吴强是很有名的钱币收藏者。

那名男子叫王军，他说他有张错版的两角人民币，收藏多年舍不得出手，但是现在家中有事急需用钱，所以才想出售转让。吴强拿过王军的错版钱币后仔细辨认，拿不定主意。李乐便在一旁出谋划策，称他有个在银行工作的朋友张辉，可以过来鉴定一下。吴强和王军都表示同意。

在李乐的要求下，张辉迅速赶到，经他鉴定，王军所持有的钱币的确是错版真币。张辉还在李乐的再三要求下，出示了国家回收错币政策的相关公告，称"一张错版钱币价值好几万"。

李乐跟王军并不认识，张辉看样子又真是银行人士，吴强心动了，以11.1万元的价格买下了王军的错版人民币。交易完成后，李乐、王军、张辉各自离去。

几天后，吴强拿着买下的人民币去找专家鉴定，谁知那竟然是假冒的错版币。吴强发现自己上了当，立即向警方报案。经调查发现，李乐、王军、张辉全部都是假名，警方虽立案侦查，但线索实在太少，一时也无法破案。

2010年7月，李乐主动到公安机关投案，如实供述了自己的犯罪事实：其实他与王军、张辉是一伙的，通过一唱一和成功把吴强骗到。李乐自首后退赔了吴强7万元。

钱币收藏作为收藏的一种，本来就有一定的风险，这种风险跟股市、外汇市场的风险不同，不是来自于外部和其他投资者，而是来自于其自身的真伪，这从上例中就可以看出。

因为这种风险的存在，所以我们在投资钱币收藏时，就要避免盲目跟风，一定要锻炼眼力，学习一些必要的钱币知识。

比如近日备受追捧的第四套和第五套人民币。中国人民银行迄今为止已经发行了五套人民币，这之中最为珍贵和稀缺的其实是发行最早的第一套人民币，其次是第二三套人民币。第四套人民币之所以能成为很多投资人士追求的项目，是因为很多人已经与前几套人民币失之交臂了，不希望再浪费第四套人民币的收藏价值。第四套和第五套人民币的价值虽然没有前三套那么高，不过某些特定的好品种还是很被投资市场看好的。

因为第四套和第五套人民币还在流通，且目前价值有限、存世量很大，所以投资者在投资时一定要谨慎。这段时间价格飙升有很大的原因是市场炒作。人民币投资，还是比较适合长期投资，毕竟钱币需要经过市场考验，有了长时间的收藏历史，才能发挥出它们应该有的价值。

不懂的领域，不要盲目投资

现在，连在家看孩子的阿姨都会"投资"了，因为无论存款、买基金，还是炒股票，都是投资的一种方式。投资产品的种类越来越多，投资行业的准入门槛也越来越低，这让广大投资者喜忧参半。喜的是有更多的致富机会，忧的则是"不知如何分配精力"。

在以前,想要在投资市场中获得成功,基本上好好研究一下证券市场就够了。可如今呢?我们要了解银行理财产品、要了解基金市场、黄金市场、外汇市场和收藏市场,否则就不可能做到"全面开花",很容易在某些领域被别人甩在后头。

但是人的精力和资金毕竟有限,总有些领域是我们不懂的。有些投资者往往耐不住诱惑,为了获得更高的利益而贸然涉足不懂的行业领域,结果是偷鸡不成蚀把米。

小钱在基金销售如火如荼的时候,抱着分散国内投资风险的概念进仓了一只港股基金。那时,他对港股完全不了解,当时的点位在哪里都不清楚,后来跌了快30%他才得知,他买入时港股正好处于巅峰,也是准备试行港股直通车正热的阶段。

现在的小钱对后续的投资完全没什么信息,一方面是对香港股票缺乏信息,一方面是对基金团队没有信息。他说:"把净值缩水完全归罪于次级债是不公平的,因为作为专业的基金团队,他们对于风险应该有一定的预见性,连我这种新股民都明白的'宁可踏空不可套牢',为什么基金公司不懂?哎,这次的失败教育了我,千万不要涉足自己不懂的领域。基金公司拿了基民的钱去炒,根本不会为基民着想。要想规避风险,还要我们自己警觉起来。"

小钱就是很多盲目跟风的投资者的缩影。在发展形势日益复杂的投资市场中,投资者总是有太多的欲望和太少的精力。对于那些不了解却看似大有可为的投资对象,我们究竟该如何取舍?

"如果有1000只股票,对999只我都不知道,我只选那只我了解的。""股神"巴菲特会做出这样的选择。

20世纪末,高科技股,特别是网络公司的股票火爆得让所有人都为之疯狂,巴菲特却在股东大会上直接否认了未来会投资科技公司的可能，他这样做的原因很简单："我不知道微软和英特尔十年后会是什么样子的，我不想玩这种别人拥有优势的游戏。"他不了解高科技领域，不能预测这个领域未来的发展，就干脆拒绝涉及，即便这个行业的高盈利性是有目共睹的。

巴菲特说："有许多产业，连查理（查理·芒格，沃伦·巴菲特的黄金搭档）或是我可能都无法确定到底这些公司的业务是'宠物石头'（美国商人加里·达尔的一个创意，流行时间非常短）还是'芭比娃娃'（畅销最久的玩具）。就算我们花费许多年时间努力研究这些产业，我们还是无法解决这个问题。这有时是由于我们本身智力和学识上的缺陷，阻碍了我们对事情的了解；有时则是产业的特性本身就是很大的障碍。拿高科技产业来说，对于一家随时都必须应对快速技术变迁的公司，我们根本无法判断其长期经济前景。"

巴菲特一直坚持固守自己了解的行业，对于那些声称拥有高科技产业前景预测技巧的公司，他并不嫉妒，也从来不模仿他们。在他看来，投资自己不懂的领域，是人们躁动不安地用幻想代替了理智。与其在自己不熟悉的道路上跌跟头，倒不如在自己能力所及的地方出类拔萃。

"狗熊掰棒子"这个比喻，对很多投资者来说都十分适用。放眼望去，投资市场中每个领域都有让我们致富的契机，于是我们经常罔顾自己的知识水平，鲁莽地涉足自己并不懂的领域和行业，陷入"贪多嚼不烂"、"投得多赔得也多"的僵局。

而投资大师们往往会选择"少而精"的投资模式，比如巴菲特，他有一个非常著名的"能力圈原则"，其核心思想概括起来便是："不熟不买，不懂不做。"

著名的金融大鳄索罗斯也有"只投资自己熟悉的领域"这样的投资原则。他时常提醒投资者们：市场是愚蠢的，所以投资者也不用太聪明。你不用什么都懂，但你必须在某一方面懂得比别人多。

做投资不是让我们变成一部百科全书，而是需要我们在掌握有限的市场信息的情况下，通过操作有限的资金获取财富。在进行投资之前，我们必须要正视自己认识中的局限性，简化我们的投资研究内容，把握住投资产品的价格与其真正价值的距离，并通过这个来寻找获利的良机，而不是广泛撒网，忙得焦头烂额却一无所获。

投资者应该记住，"什么都懂一点"其实就是"什么都不懂"，而不懂的行业是不适合我们投入资金的。既然如此，我们就应该努力加深对某一行业的精通认识，通过专注和集中，为自己捕获更多的财富。

谁说定投没有风险

现在国内的各个银行营业网点都有滚动广告的电子屏，上面宣传的大多是最新的理财产品和基金定投项目，显然，广大投资者已经有了越来越多的"战友"，基金定投这种"积少成多"的长期投资方式也获得了广大市民的认可。

许多人开始定投，都是被银行或者是基金公司理财经理的三寸不烂之舌说动了心，认为定投是一种"收益高"、"无风险"、"轻松操作"的投资工具，可如果我们自己阅读这些宣传资料，就会发现其中基金定投收益的计算、与一次性或固定比例购买基金的比较、基金定投价值的分析等，存在着一些值得商榷之处。定投真的没有风险吗？

小王是一位大学在校生，因为对金融投资有着浓厚的兴趣，2007年，他用自己的奖学金1万元，在银行开设了一个定投账户，并且用自己节省下来的生活费坚持每个月定时定额投资。到了2010年假期，回到家的小王跟家人说起了自己的投资，可是在查询自己的收益时他懊恼地发现，他已经损失了4000元钱。

第七章
投资市场不景气，
规避风险比争取利润更重要

基金定投是有风险的，这种风险主要来自于市场风险。

定投股票基金的风险主要来自于股市的涨跌，定投债券基金的风险主要来自于债市的波动。当股市出现2008年那样的大幅下跌时，定投账户也不能避免暂时下跌。

对于选择定投的投资者来说，定投还会给我们带来一定的流动性风险。根据数据显示，定投的投资周期越长，投资者亏损的可能性就越小；定投的周期超过10年，亏损的比率就接近于零。10年的投资期，是一个十分漫长的时期，如果投资者对未来的财务缺乏规划，尤其是对未来的现金需求估计不足，那么一旦股市低迷时期出现现金流紧张，比如着急要支付医药费等情况，我们就不得不中断基金定投的投资，从而有可能遭受损失。

林女士是一家银行负责基金定投的理财经理，对于基金定投，她给出了四个注意事项："首先，投资者应该注意定投期限。股市始终是震荡向上发展的，选择一个长时间期限的定投基金，才能保证投资者随着股市长期上涨获得满意的收益。

其次，要注意选择定投品种，我比较推荐指数基金和股票基金。

再次，要注意选择定投公司。定投公司是拿着我们的钱去投资的人，只有长期稳定的基金公司才值得投资者信赖。

最后，要注意选择终止时间点。比如从结婚前开始投资，到孩子需要教育经费的时候结尾，设定好明确的目标和期限。"

林女士自己也有一个指数基金的长期定投账户，这是她为自己未来预留的养老费用。

没有任何一种投资产品是完美的，因为在投资市场，风险和收益是形影不离的双胞胎。投资者想要更好地运用定投工具为自己增加财富，就要学会规避定投风险，从以下五点入手：

第一，要制订定投计划，而不是修正定投计划。"做正确的事比把事做正确更加重要"，投资者在进行基金投资时，制定投资计划是非常必要的，因为计划将帮我们确定投资目标和防线。基金定投是一项很有"纪律"的投资，需要投资者在具体投资的过程中不断制订、规范自己的投资计划。

第二，评定定投业绩时，应注重长期业绩和绝对业绩，忽略或者淡化短期业绩。由于追求基金业绩排名的缘故，基金管理人会将投资眼光停留在短期的业绩方面，但是我们投资者不能这样做。过于追求短期业绩会让我们养成频繁操作的投资习惯，从而产生投资中的风险。我们要把目光放远，把握住长期投资的原则。

第三，定投不是定收益。基金定投是一种"聚沙成塔"的投资方式，但绝不是一种简单的资金投入，更不是凭运气去赌，随便选一样定投产品之后坐等收益。如果我们选择了不当的投资产品，照样会因为基金净值波动而产生相应的风险，所以我们应该改掉以固定收益的眼光看定投产品的习惯。

第四，定投不是集中投资，也要讲究投资组合艺术。基金定投的基本特点是在固定的时间、以固定的金额购买基金，但这并不代表投资者不能构建有效的投资组合。我们完全可以采取办理几份定投品种的方式，尽量避免基金集中投资的风险。

第五，定投不是终身投资。基金定投是长期投资，但并不意味着我们不能进行基金产品转换。毕竟，不同的基金产品具有不同的风险收益特征，而基金管理人管理和运作基金的能力也是千差万别的，这就造成了基金管理人在管理和运作基金产品方面的业绩差异化。所以，我们应该学会选择优质的具有良好成长性的基金产品，依据市场环境，结合定投基金产品的基本面情况进行适度的基金产品转换。

认识到基金定投的风险，尽量规避基金定投的风险，投资者才算真正了解了基金定投，才能更好地运用这一投资工具，为自己的资产保值增值。

二手房投资一定要谨慎

电视剧《蜗居》红遍大江南北，充分地反映出了"房子"对于现代人的重要性。无论是为了投资还是为了置业，我们都需要房子。一手房的价格太高，于是很多投资者把目光投向了二手房市场。

市场上流通的二手房，并不全是我们印象中的那种有人住过的、又破又旧的房子，而是那些产权明晰、经过一手买卖之后再上市交易的房产，其中包括商品房、房改房、解困房、拆迁房、自建房、经济适用房、限价房等，所以尽管都叫二手房，也有新旧、好坏之分。

由于二手房价格较一手房便宜，所以受到越来越多市民的喜爱，大有超越一手房成为市场主体的趋势。但是有些二手房买了，不仅不能给买家归属感和安全感，反而会惹来大麻烦。

2011年年初，67岁的崔阿姨经人介绍，从黄女士处购买了一套二手房。二人在3月26日签订了房屋买卖合同，其中约定：房屋成交价25万元；双方在合同签订后到有关部门办理物业、有线电视、固定电话、水电气暖等相关附属设施的变更手续；如房屋的附属设施或装饰装修不符合约定，黄女士应按不符部分实际价值承担赔偿责任。

签好合同之后，两个人一起去办理了房屋过户手续，崔阿姨开心地搬进了新房。可是住进去没两天，崔阿姨就发现，暖气早就坏了，一直没有修理，可买房时黄女士根本就没有提及。她又立刻检查了其他设施，发现有线电视、水也不能正常使用，这些设施甚至都没有登记在黄女士的名下。

崔阿姨找到黄女士理论，黄女士这才道出实情：她也是买的二手房，有线电视、暖气一直没有过户，水表则因为入户改造，至今没有批准户号。崔阿姨没有办法,只能重新安装了地暖设备,花费2.5万元。她与黄女士协商不成,便将后者告到区法院,要求黄女士赔偿3万元,并协助办理相关附属设施的变更手续。

区法院做出判决,由黄女士赔偿崔阿姨损失2.5万余元,并且在判决生效30日内协助办理相关房屋附属设施的变更手续。

二手房毕竟不同于直接从开发商手中购入的一手房,房子经历了几任房主,就有可能带来几重麻烦。除了房子买入后的过户方面的一些问题,投资者还需注意房屋中介可能进行的违规操作。

据媒体爆料,部分房屋中介在挂出二手房的出售信息时,会在房价上加上一笔不菲的费用,价格为5万元到10万元不等,作为"中介费用"。很多中介都阻止购房者与房主联系,说是为了避免"跑单",其实就是为了防止自己这部分收益流失。

购买二手房有许多学问,投资者需要在购买时练就一双"火眼金睛",小心地绕开那些不能买的二手房。

八种不能买的二手房:

1.产权不明确的:有的二手房经过数度倒手,产权并不属于卖出人,不能购买。

2.土地权属不明确的:国家土地管理法第五十五条规定:"缴纳土地使用权出让金和其他土地有偿使用费后,方可使用土地。"所以,土地权属不明确的不能买。

3.无共有人声明的:许多二手房是夫妻或家庭成员共同财产,购买未取得共有人同意出售声明的二手房很容易惹上麻烦,最好不要买。

4.未放弃优先权的:买房前,应先考察所购房屋是否存在租赁关系,如出售人没有通知承租人,没有承租人书面放弃优先购买权承诺,那么最好不要购买。

5.被保全、查封的:司法机关已保全、查封的房屋不能买。

6.设定了抵押权的:买房前应审查权属证书原件是否有抵押记载,

设有抵押权的房屋不能买。

7.不符合转让条件的：经济适用房属政策性住房，购房人拥有有限产权，不满5年的是不能直接上市交易的，如要转让，需先由政府回购。满5年转让，应向政府交纳土地收益等价款，政府可优先回购，购房者要向政府交纳土地收益等价款后，才能取得完全产权。因此，不符合转让条件的二手房也不能买。

8.不宜出售：有些房屋是不宜出售的。如国务院《城市房屋拆迁管理条例》第十二条规定，拆迁范围内的单位和个人，不得新建、扩建、改建房屋；不得改变房屋和土地用途；不得租赁房屋。所以，拆迁房屋也是不能购买的。

我们在购买二手房的时候要注意避开上述"不能买的二手房"，在交易中注意查看房屋手续是否齐全、房屋产权是否明晰、交易的房屋是否在租、土地情况是否清晰，要看一看房屋是否在市规划的拆迁范围内，属不属于福利房屋、出售是否违法，如果是单位房屋，则看一看购买是否侵权。不仅如此，在购买的过程中，投资者要注意提醒原房主结清物业管理费，谨防中介公司的违规操作，在签订合同时，要保证合同全面、约定明确，让我们的二手房买得放心，住得舒心。

邮票还有收藏潜力吗

投资市场中，总会不断兴起不同的投资产品令人疯狂，从黄金、石头到葱姜蒜，投资者似乎总要选择一个领域抒发自己的热情。自2008年以后，由于通货膨胀和股市的不景气，邮票市场成为了许多投资者淘宝掘金的地方。相对于其他投资领域，邮票投资可以说是门槛较低，老少咸宜的投资方法。我们既可以作为业余爱好来收藏，也可以作为专门的收藏品来挖掘其价值。

今年76岁的张阿姨是个很厉害的投资者，尽管她看不懂K线图，却能在基金、股市中赚得盆满钵满，她本人最得意的则是她在邮票市场中的投资。

2009年，张阿姨花了2600元买了20张庚辰龙邮票，当时一版才130多元，持票一年，这版生肖龙的价格翻了20多倍，每版价格涨到3100元，2600元的投入换来了6万元的收益。

集邮是广受欢迎的收藏活动，邮票本身具有一定的艺术价值。近年来，邮票的价格在强烈需求下不断攀升，在通货膨胀的市场环境下，展示出了良好的投资性和收藏潜力，只要选对邮票的品种，邮票投资便会是我们进行保值增值的不错选择。

以下这些邮票就比较适合进行投资：

大全张：除了珍藏邮票外，要想挖掘邮票的收藏价值，就要整版购买。整版的邮票叫做"大全张"或"邮局张"。

小型张：这类邮票指周围带有装饰的单枚小张邮票，特点是独立成"张"，与全套邮票相比，一般面值较高。

小全张：是周围有装饰边的、印有全套邮票的小张邮票，这类邮票的特点是，其上所印邮票的面值、图案、颜色一般与邮局全张相同。

小本票：又称集邮小册，是将一种或几种常用面值的数枚邮票连在一起。特点是配有简朴的或精美的封面、封底，且印有与邮票相关的文字、图案；小本票里的邮票与邮局全张的图案、面值、刷色基本一致；通常有一边或二边无齿；按面值出售。

龙头邮票：由于时间的迁移，系列邮票发行量不断增加，所以这类邮票的升值效果比较明显，处于系列邮票的第一位，又称"打头票"。往后发行量越来越大，我国的集邮部队人数也会越来越多，人们不断追捕早期发行的系列邮票，这时打头票的价格就会远远高于同系列的后来者。

专题系列邮票：已有革命领袖系列、古典文学名著系列、科学家系列、文学家系列、花卉系列、名作系列、珍稀动植物系列、国庆系列、药用植物系列、鹞子系列、敦煌壁画系列、当代美术系列、生肖系列、国宝系列等。这类邮票时间跨度大，收集难度也大，升值潜力较高。

小版张：是已有邮局全张之外另印刷的小开张邮票。这类邮票周围一般印有边饰或特定文字与图案，特点是所含邮票枚数比邮局全张少，邮票的面值、票幅、刷色与邮局全张相同，小巧玲珑，便于收藏，上市性强，被人们广泛收藏。

邮票收藏的投资需要我们有一定的邮票相关常识，在邮票投资的过程中，投资者要注意走好以下四步。

第一步：选择和保存邮票。

选择对的邮票就是选择对的投资工具，这是我们投资成功的大前提。在选择邮票的投资品种时我们一定要注意把握三个要素：题材内容好、发行量或存世量少、流通性好。

题材内容好，那些以名人画作和历史为题材的邮票就尤其值得关注，如前两年猴票就是由黄永玉先生创作；发行量少就是"物以稀为贵"；流通性好才方便进行交易，这些都需要我们注意。

随着近年邮票市场的火热，很多假邮票也出现在了市场上，投资者在买邮票时一定要擦亮眼睛，尽量选择发行量小、工艺复杂、材质特殊的邮票，因为这些造假困难。尽量到邮局或正规的邮票交易市场，规避上当受骗的风险。

同时，保存邮票也是个大学问，投资者在保存邮票时，要使用专门的护邮袋和邮册保护邮票，注意防潮，取放邮票时要用镊子；整理邮票时，最好在桌面上铺上洁净的纸张或布毯；收集进邮票册的邮票，不要经常移动，以免齿孔和四角受到损伤。

第二步：最好回避高面额邮票。

投资者在选择邮票时，要仔细考虑邮票的面额。选择高面值邮票，相当于把鸡蛋放在了同一个篮子里。因为邮票一旦开始涨价升值，就脱离了它面值的基本面,涨多少根本与面值无关。不仅如此,高面额邮票还有消耗速度慢、不方便交易等劣势。所以,投资者在进行投资时,最好选择面值较低的邮票。

第三步:理性做出自己的判断。

投资者应该尽量避免盲目追风炒作和追捧新邮,以免被套牢。邮票的市场价格主要取决于它的需求量与可供量之比,发行有一定年份、市场流通量已稳定的品种中比较容易重现升值的精品,尤其是古典邮票、珍稀邮票,这些票品一向短线炒作,适合较长时间保存。

第四步:长短线结合投资。

投资邮票跟投资股票一样,收益高,风险也高,入手和出手时机需要好好把握。投资邮票时,我们应该保持一颗平常心,同时注意长短线结合,不管邮票品种,以爱好为主,切忌追风购买,而合理的年投资费用在100元至2000元之间。

古玩投资切记:"三不买"

收藏品投资最近红得超出想象,电视上的鉴宝节目层出不穷,书店里的收藏书籍也获得了许多读者的喜爱。无论是普通收藏品、钱币、邮票还是古玩,都被我们发掘出了投资价值。

要通过古玩投资盈利,需要投资者们拥有较好的眼力和鉴赏水平,而通过某些有知名专家亲自鉴宝的节目我们可以发现,普通古玩收藏者手中的真品率不超过百分之二三,珍品中的精品更是少之又少,这说明投资者的收藏成功率非常低。

古玩市场日益火爆,市场情况也越来越复杂,投资者要小心躲开收藏者设置的各种陷阱。在这里,有一个"三不买"原则可以给我们一些启发。

"一不买"：不懂行不要买。

古玩收藏分为古陶瓷、青铜器、玉器、木器、书画和杂项等几大门类，投资者如果对某件古玩所属的门类不够了解，没有进行过深入研究，就千万不要去买。

文物收藏的失败率非常高，许多投资者低估了收藏的难度，致使收藏界总体状况很不理想。以收藏古陶瓷者为例，100人之中有95%以上的人收藏状况基本上都是："辛辛苦苦，赝品为主"、"全军覆没，惨不忍睹"。稍好一些的则是"起早贪黑，破烂一堆"（破烂指无价值的低档物，"精残""高片"不包括在内）。

老古玩行流传着一些告诫我们的警示语："不入其行，不捡其利"、"隔行不捡利"等。这些话是用来点醒那些从没入过行，只一心捡漏贪便宜的投资者的，这样的投资者忙碌一世，恐怕也只能是"看热闹的内行人"，永远赚不到大钱。所以，我们投资者在玩古玩时，尽量做到精专，不可流于表面，也不能只想着捡漏。

"二不买"：有怀疑的不要买。

20世纪50年代，国家为了继承发扬传统的民族工艺，在陶瓷业首先恢复了钧窑和磁州窑两窑的试烧，经过了半个世纪的经验积累，目前的仿造技术已达到非常高的水平。随着仿造技术的发展，一些不法商贩也开始利用先进的仿造技术制作出可以乱真的仿品来牟取暴利。

这些仿品以传统的工艺为基础，结合现代的科学技术，又用先进仪器相辅助来制造，高仿品的相似率能达到真品的99%，我们只能靠剩下的1%来作为辨别真伪的依据。所以我们在鉴定古玩时，要敢于用对古物1%的怀疑推翻99%的肯定，只要不是内行人都认可的产品就不要买。

"三不买"：不符合市场价位的不买。

事实证明，现在古玩市场里的真品已经不多，真品中的精品更是凤毛麟角。高品位高价值的藏品大多都在少数资深收藏家和有经验的商人以及大拍卖公司的手中，而这些人基本不可能把价值弄错，所以投资者根本没机会捡漏。所以，对于古玩收藏的投资者而言，一定要买符合市场价位的藏品,真品要用真品的价格来买。要知道,没有经验的收藏者就是用真品的价格也不一定能买来真品,至于用捡漏的价格买来的,就更不可能会是真品了。

除了牢记上述的"三不买"之外,我们在进行古玩投资时还要注意遵循以下这些原则:

一、选择收藏品要少而精,且量财力而行。收藏品种类繁多、范围广,而投资者的知识面以及资金有限,所以我们最好从古玩中选择两三样作为投资对象,这样才能集中精力,仔细研究投资知识,逐步成为"行内人",对于投资的新手,最好选择会长期稳定升值的收藏品或小件精品来进行投资。

二、要有"花真品的钱买真品"的胆气,只要物有所值,就大胆买入古玩,以防错失精品,痛失盈利机会。

三、要培养一定的鉴赏能力。投资古玩要从收藏古玩开始,我们要认真研究有关资料,经常参加拍卖会,参观展览馆,逛古玩商店和旧货市场等,从实践中积累经验,多看、多听、少买,在实践中积累经验,不断提高鉴赏水平。

四、要树立长期投资的意识。古玩投资是一种长期投资,只有长期持有,才能获利丰厚。

五、要妥善保管收藏品,使其保持最佳状态。

六、正视古玩的资产价值。把古玩天天放在家中供着,这并不是进行古玩投资的正确方法,我们应该把古玩的价值计算在我们的资产净值中,始终为它们寻找一个合适的市场以及一个合适的价格。只有买卖才能使古玩真正的产生价值,只买不卖,就算不上是投资。

七、要注意规避投资风险。在古玩市场中,一个走眼可能让我们把血本赔光,所以对于那些不了解、投入过高的领域,我们尽量不要涉足。

第八章

长线是金,短线也是金

抛弃一夜暴富的幻想

"天上不会掉馅饼"这个道理谁都明白,可投资者们一旦踏足充满机遇和挑战的投资市场,就会忍不住萌生一些不切实际的幻想。

看到媒体宣传的那些一夜之间发家致富的人物,看到我们身边炒股炒出来的百万富翁,或者是持有一年基金就让自己身家翻番的牛人,"一夜暴富"这个念头便深植到许多投资者的脑海中,甚至成为了所谓的"心魔"。

南京某高校超市的账务员朱某,因为幻想一夜暴富,先后挪用了数笔单位资金去买彩票,挪用数额高达70万元人民币。

朱某的犯罪起因非常简单,他听说很多人通过买彩票发了大财,便也想通过中奖来改变生活。他比较喜欢的是刮开即可判断是否中奖的

"刮刮乐",每次经过彩票销售点,都会掏钱买几张试试运气,等用完了自己口袋里的钱,他就把手伸向了超市的营业款。从几十元到几百元,到后来的几千、几万元地购买,越买他的心就越大,挪用的钱也就越多,从2011年3月到6月,朱某共挪用了17万元营业款。

恰在这时,超市经理送来了一张转账支票。朱某利用不法手段,从支票的账户中扣出6万元,又全部用来购买了彩票。到了7月份,他编造谎话,从学校处提前收取了一个月的结算款,又从中挪用了14万元继续购买彩票。

即便已经断断续续地投入了数十万元,朱某却并没有中过大奖,他梦寐以求的暴富梦似乎已经越来越遥远。朱某左思右想,认为只要自己中了大奖就可以把违法截留的钱全部补上,又疯狂地截留了11万元超市营业额,全部投入到彩票中。

朱某购买过的所有彩票,"刮刮乐"最高中过5000元,体育彩票最高中过2000元。到了2011年7月,没有钱填补资金漏洞的朱某走投无路,只能到公安机关投案自首。

每个人都希望自己可以成为零和博弈市场中少数的幸运儿,可事实上,坚信"马无夜草不肥,人无横财不富"的人大多成不了真正的赢家,就算发家致富也只是昙花一现。投资需要我们有严谨的思维和操作,重视市场走势和股票价值。如果想要通过"意外"致富,那不应该进投资市场,而是赌场。

"一夜暴富"的幻想是投资市场中常见的误区,很多投资者在进行投资时,急功近利,冲动冒进。今天听了老同学的建议买了分红股,明天就听理财专家的意见去投资指数基金,下个礼拜听说短债又能抗通胀又能升值,便准备去投资债券了。这样转来转去地做投资,收益多半都被进出的手续费吃掉,如果再加上判断失误,就可能面临亏本的风险。

孙老师是一位大学教师,最近对投资十分着迷。他一开始炒股票,在短期内买入卖出,获得了不俗的收益。洋洋得意之余,他又把目光投向了期货市场。按照他的想法,他自己资金充足、很有文化,又有过人的胆量,在期货市场上多投多得,一定能获得更多的收益。

刚开始的时候,孙老师还是比较谨慎的,因此有了点盈利。可惜他被成功冲昏了头脑,把偶然当成了必然,增加资金满仓操作,终于在行情逆转的情况下,赔光了之前所有的盈余,还欠下了一大笔债务。

暴富对于一般投资者来说是不现实的,我们想要在投资市场中获得成功,就得先把这种不理性的思维方式从头脑中驱除出去,理智冷静地分析我们自己的情况。

对于资金不是很雄厚的投资者来说,制定自己的理财目标和计划时,应该以稳健为原则,不要盲目追求高收益、高回报。我们毕竟不是专业的投资人士,没有足够的时间去研究市场,捕捉最好的购买时点,也没有很高的抗风险能力,所以在选择投资产品时,应优先考虑稳健性的投资产品,在进入股市炒股时,也要优先考虑控制风险。

在赵本山的小品《卖拐》里,范伟被忽悠了两次终于学乖。投资市场在我国发展了这么多年,投资者也越来越聪明,从投资机构制造的"暴富"迷雾中清醒了过来。现如今,很多还在"画大饼"的金融机构都是三无非法金融机构。它们无工商登记、无固定办公地点、无固定联系电话,用各种非法手段欺骗投资者进行投资。

所以投资者在进行投资时,要抛弃一夜暴富的幻想。一方面保持清醒的头脑,踏踏实实投资,用自己的智慧和勇气换取收益;另一方面,警惕非法金融机构的诱惑,不要轻信"免费荐股""推荐黑马""提供内幕信息"、"私募操盘"、"确保收益"等宣传信息,也不要把自己的投资款打到理财经理或者是基金管理人的私人账户里,谨防上当受骗。

赚钱不是明天或者下个星期的问题

如果要在世界诸多投资大师中选一个对中国投资者影响最大的，那么"股神"巴菲特可能会是票数遥遥领先的那一位。他为投机性质强烈的中国投资市场带来了价值投资法和长期投资观念，帮助许多投资者看清了投资的真实含义。

我们走进书店就会发现，几乎每本提及巴菲特的理财书籍都会出现这句话："赚钱不是明天或者下个星期的问题。"这句话很好地体现了巴菲特质朴而实用的投资智慧，几乎每个投资者都能学会。他告诉我们，只要有坚持不懈的精神，我们每个人都能获得投资的成功。

这样的智慧虽然质朴，但落实起来并不简单。因为赚钱不是明天或下星期的事，不能立竿见影，需要投资者有稳定的情绪和态度，去购买并持有那些在五年或十年内能够升值的东西。巴菲特本人经常说："我不懂得怎样尽快赚钱，我只知道随着时间去累积财富。"

巴菲特曾经把炒股票形容成谈恋爱。他认为，短时间持有股票后立刻抛掉，相当于跟一个姑娘短暂相处后就分手，是不能了解到他们的"美"的。巴菲特本人总是寻找优秀企业的股票，在他们的价格处于最低点时购买，以此来获得最大的利润。美国运通公司股票他持股14年、美国加州花旗银行他持股15年、吉列公司股票他持股17年、麦当劳股票持股18年，并且声称有生之年都不会出手他手中的可口可乐股票和华盛顿邮报股票。可以说，长久持有是巴菲特投资制胜的法宝。

巴菲特不是唯一一位看重长期投资的大师，实际上，几乎所有的投资大师都十分强调长线投资的重要性，即使是以投机著称的索罗斯也

一样。在索罗斯看来,"市场是愚蠢的",投资者完全没必要为了市场的起伏焦头烂额,我们只要持有一只股票,并且默默地等待它升值就足够了——长期持有也许不能让我们立刻赚钱或者家财万贯,但贵在操作简单、风险性小。

投资市场是与社会经济一起发展的,只要社会经济还在向前发展,投资市场就总能为投资者创造出更多的财富。但这样的财富来源于投资者的长期持有,在这个过程中,我们必然会经历许多考验,如金融危机、经济衰退、次贷危机等,投资者必须要沉着冷静,笑看风云,不被市场的起伏骇住,以防财富从手边溜走。

内陆某城市的小刘多年来一直关注股市,但因手头拮据,所以他一直在模拟炒股。2007年,大牛市袭来,股市全线飘红,小刘看身边的人总在讨论自己的股票又拉了几个涨停,炫耀自己又赚了多少钱,便再也按捺不住自己蠢蠢欲动的心,从亲朋好友手中凑了10万元,进入到股市中大展身手了。

因为钱是借来的,所以小刘在进行操作时非常谨慎,花了很长时间研究观望。经过仔细了解筛选,他看中了某只钢铁板块的股票,认为这是一只被低估了的绩优股,再加上市场上传言,该公司接到了一个千万元的大订单,经营业绩有望翻番……小刘下定了决心,把全部的钱都投给了这只股票。

可出乎他意料的是,时隔不久,证监部门就发出通告,怀疑该公司信息造假,社会舆论也一边倒地抨击这家企业。该公司的股价持续下跌。小刘开始还沉得住气,可眼看着股价跌了两个月,没有一点回升的意思,便慌了手脚,终于在股价跌到12元的时候将手中的股票卖出,以4万元的亏损割肉解套了。

谁知在他解套后一个月,证监会就下发了通知,证明该公司消息来源的准确。一时间,该股的股价接连涨停,一个半月拉升到30多元,许多坚持持股的投资者都大赚了一笔,这个结果让小刘欲哭无泪。

　　投资之前要对市场进行充足的调查和了解，也要充分考察自己的投资产品。在这个过程中投资者要牢记，并不是所有投资都是买彩票，不是花上两块钱就可以撒手不管，让运气来决定我们能不能发家致富。许多投资工具都是需要投资者进行操作的，投资是生意的一部分，或是某个领域(比如黄金、收藏)的一部分。

　　我们投钱，不能仅仅看到当前的市场价格和市场走向，而要把目光放长远，从宏观的角度出发，观察市场未来的走势，分析企业或者产业的发展前景以及价值，从而选择公司和投资工具进行投资。

　　就像投资大师罗杰斯说过的："我不会赌博，我不会拿自己的钱去冒险，永远不会。"当我们把钱投入到投资市场，我们就已经跟我们的投资对象成为共荣体。"不怕神一般的对手，就怕猪一般的队友"，只有挑选好投资对象，才能让我们的收益节节攀升。

　　而挑选好投资对象仅仅是第一步，更重要的是对自己的选择保持理性的自信，用良好的坚持坐等财富的增值，赚钱不是明天或者下个星期的事情，而是用坚持和理性推着自己走向成功。

长线投资选股：抓准公司发展的潜力

　　做股票投资时，有潜力的股票就是投资者走向富裕的阶梯，潜力有限的股票却会是拖着我们堕入深渊的石头。做长线投资选股票，比的就是谁的眼力好，谁投资的企业更有发展潜力。

　　老林、老王和老刘是一起当过兵的战友，现在都在家做投资，可是坚持的投资思想却各不相同。

第八章
长线是金,短线也是金

　　老林为人粗中有细,看了不少投资书籍。他放弃了技术分析,每天通过读书看报了解国内外政经大事,专心观察市场背后的基本面,力求找到不断成长、可以长期持有的股票。虽然他持有的股票跌涨不定,但是总的来看收益不错,这让老林十分得意。

　　老王的胆子没有老林那么冲,他虽然看重品牌股的价值,但是也没有完全放弃运用操盘技术。老王去繁就简,主要追随大趋势、大波段,用大视野审视股市,忽略掉股市中不重要的波段,低入高出,收益经常比老林还要出色。

　　老刘则是三人中研究投资最久,收益最差劲的。他十分看重操盘技术,天天纠结在K线指标的细节上,绝不错过电视上的任何投资理财节目,定期到证券公司打听消息,总是忙得心力交瘁,可他的账户数字就算是涨,也总是很有限。

　　巴菲特说过:"投资就是做生意。"我们把钱投入到市场中,其实就是投入到投资产品背后的品牌和企业里。一个企业的发展自然不能通过简单的数据反映出来,所以投资者在选择投资对象时,也要有目视远方、宏观把握的大智慧,切忌鼠目寸光。

　　把时间和精力耗费在研究细节、分辨消息的真伪上,不仅不能让我们获得更高的收益,还会让我们丧失良好的心态,感觉十分疲惫。相反,把重点落在公司本身上,选对办法,可以让我们轻松地赢得成功。

　　荣先生在他所在的城市里是个小有名气的"投资高手",他用10年的时间将自己的资产翻了100倍,在他无数次股市冒险中,最令他本人津津乐道的是他从股市中掘取的第一桶金。

　　1994年,大学本科毕业的荣先生到香港某上市公司的东莞工厂工作,他省吃俭用,把大部分工资省下来全部投入到股市中,以定时定额的思路购买他看好的一只股票,并一直坚持到1996年2月。

　　1996年3月,行情启动,荣先生买的股票价格不断上涨。1996年年底,他打算辞职到深圳工作,便以32元的价格将自己手中的股票卖出,获利9倍左右,账上资金高达20万元。20世纪末,一个大学毕业仅两年的学生能获得如此高的收益,是十分令人震惊的。

对于第一次的投资成功,荣先生总结道:"我之所以能够通过坚持持有和及时卖出获利,一方面是因为我有扎实的理论支持,从1993年就开始关注股市累积经验;另一方面是因为我热衷于研究财经新闻,预测经济走势。"除此之外,他认为自己稳定的心态也十分重要,那时候他一心只想多学点东西,并没有过多关注账户中数额的变化,所以没什么心理压力,可以很平静地坚持长期持有。

为了帮助其他投资者,荣先生总结了三点重要经验:第一,买股票强过存钱。第二,让头脑保持干净,宁愿信息匮乏也不可自乱阵脚。第三,行情启动后就用大量的利润做后盾,保持稳定心态,该卖出的时候就卖出。

大学刚毕业的荣先生都可以正确地选股和持股,这就证明了,只要用心,做好投资并不难。

在股市中,选股票看重的是股票以及股票背后公司的发展潜力,并形象地把有潜力的股票叫做"成长股"。如果要判断一个学生是否有成长潜力,我们就要看他是不是德智体美劳全面发展,有哪些爱好特长。如果要判断一家公司是不是有潜力,投资者就得看这家公司的营业利润率、总资产和资产净值。

营业利润率相当于公司的"学习成绩",利润率高,就说明这家公司能赚钱,很有发展潜力,值得投资。

总资产相当于公司的"综合素质",总资产有了大幅度的上升,就说明这家公司不仅能赚钱,而且会让钱生钱,竞争力出色,抗风险能力较强。

资产净值相当于公司的"所获奖项",是公司去掉负债部分的资产。资产净值越高,说明公司的实力越强,投资公司的风险就可能越小。

当然,公司的发展离不开其所处行业的发展,那些发展前景良好的行业往往会孕育出许多潜力无限的公司。

在科技日新月异的今天,IT相关的科技产业往往有出色的表现,投资者可以着重考察软件开发、计算机生产等公司。

无论到什么时候,衣食住行都是人们生活的主旋律,所以消费行业会不断向前发展,通讯、工艺品生产、食品饮料等公司一般不会让投资者失望。

随着人民生活水平的不断提高,服务行业也越来越受投资者重视,铁路、旅游宾馆、环保节能等公司也值得投资者选择和投资。

长线投资选择淡季入市为佳

短期投资者都比较喜欢在交易热闹的时候入市,因为他们赚取的是短期差价收益。而对于长期投资者来说,在股市火爆期介入并不明智。因为当股市处于旺季时,股价就处于高峰阶段,在这时买入股票成本偏高。就算所购买的股票背后的公司盈利能力出众,能获得不错的收益,也会因为过高的购入成本,使投资回报率变低。

相反,长期投资者如果在淡季中购入股票,就能以远低于股票价值的价格挑选到不错的产品,短期之内也许不能获得差价收益,可从长远来看,由于投资的成本较低,投资的收益率就会相对高出许多。

在尊敬巴菲特的人眼中,巴菲特是个很善于控制投资成本、建立安全边际的智者,在厌恶巴菲特的人眼中,他则是一个逆势而行、喜欢抄底的家伙。巴菲特在20世纪80年代的两次代表性投资也证明了这一点——这两只股票分别是可口可乐和通用食品公司。

投资哲学
Investment philosophy

20世纪80年代，美国的股市经历了两次动荡和一次巅峰。在动荡萧条期，巴菲特介入市场购买廉价的通用食品股票以及可口可乐股票，这一行动令许多投资者费解。可口可乐给人的印象是保守的，通用食品的发展也陷入了瓶颈，单从股票投资——获取差额利润的角度来看，这两只股票缺乏升值潜力。

可是在巴菲特收购了通用食品的股权之后，由于市场的通货紧缩，产品的生产成本开始降低，加上通用食品公司原本在消费者心中树立的可靠的企业形象，其在销售量不变成本降低的情况下，公司的净余额大幅增长。

到1985年巴菲特将股票卖给菲利普摩里斯公司时，他手中的股票足足增长了3倍；而伯克希尔于1988年和1989年分批对可口可乐公司的股票进行收购之后，该公司的股价也得到了迅速的攀升，两年之内上涨了4倍之多。

"在别人贪婪的时候谨慎，在别人谨慎的时候贪婪。"巴菲特如是说。

买股票的道理有时候跟买菜差不多，就是要尽量买到物美价廉的产品。要做到这一点，在淡季时买入就是个不错的方法。股市之所以会出现淡季，是因为大部分投资人对市场持悲观态度，在这个时候，股票的价格就会普遍走低。

投资者在淡季购入股票时应该注意，淡季介入，并不意味着股市刚一进入淡季就介入，而是要等到淡季末期的时候再出手。

我们很难准确地预知究竟什么时候才是淡季末期，很可能我们以为市场已经进入了淡季末期，整装入市，却发现市场依然疲软；或者我们认为淡季还要持续一两个月，行情却突然上升，使我们错过了好时机。

为了解决这个问题，投资者可以采用逐次向下买入的办法，即先买入一半或者三分之一，然后再视行情加码买进。这样，既能保证我们在淡季进场，不错过入市良机，又能收到摊平成本的效果。

股市95%的时间内都在下跌，每个大牛市之间都会有一段时间的淡季。其实不论是在旺季还是淡季，投资者应该设法给自己构建一个"购买地带"，即划下一个明确的价格范围，对于那些超出价格范围的高价股，无论其表现如何优秀，都不予考虑，避免高价股的高成本和高风险带给我们的灭顶之灾。

为什么要为自己留下一个"购买地带"？

第一，因为在任何情况下，股票投资都不能忽视品牌业绩。当高价股的价格远远高于其业绩表现时，就是它要持续下跌的时候。

第二，公司业绩较好，但是曾经随行情波动上涨过的股票，买入后不能保证在此上涨，所以即便是绩优股，也最好在淡季、价格低廉的时候买入。

第三，品牌股的好行情，唯有在品牌的成交额持续增加时才能保持住，高价买入的股票，很可能随着品牌成交额的下降而导致亏损。在投资过程中，不要过于关注上涨的股票，因为它们涨着涨着就可能脱离我们的"购买地带"。

事实证明，大部分投资大师和成功的长期投资者都会在淡市或者股价下跌时买进一些有价值的股票，这些股票大部分都是符合我们"购买地带"的出色品牌股。在优秀股票的修正期选择持有，等到行情上涨其品牌东山再起后，投资者一定会获得很大的惊喜。

长线投资有哪些风险

2008年，很多投资者受次贷危机的影响吃了大亏。有的投资者是盲目入市，见市场火爆便跟着掺一脚，从而成为被套大军中的一员，有的投资者却是因为在长期持有股票，没能准确地把握住市场的脉络，从而元气大伤。

投资哲学
Investment philosophy

所谓"吃一堑长一智",曾经受到的损失提醒投资者们:虽然长线是金,但是长线投资也有风险。

2006年年底,徐先生在朋友的影响下,把自己工作几年积攒的十余万资金投入到股市。这个80后的年轻人有很强的理财意识,在入市前不仅认真拜读了巴菲特、彼德·林奇等投资大师的成功投资学,树立了长线投资的理念,还对个股进行了一番仔细的财务分析,最终选定了两只业绩优异的白马股。徐先生将资金一分为二地买入了两只股票,一直坚持长期投资,大有"咬定青山不松口"之势。随着2007年牛市行情的愈演愈烈,徐先生的资金市值,也由入市之初的十几万元增加到近50万元,在账面收益最高时,增长曾经超过3倍。正因为如此,徐先生更加坚定了对于长线投资回报的信心。

可到了2007年10月份,随着股指的调头向下,徐先生的两只股票也跟着跳水,一年多的涨幅瞬间就被彻底抹去,看着账面上高峰时出现过的几十万元全部成为过眼云烟,徐先生更加舍不得卖出,一心只等股价反弹。谁料大盘却一直跌穿3000点,这下,小徐不仅损失了自己的全部收益,连本金都折进去了一部分,让他感到十分心痛。

长线投资有其独特的魅力,鼓励投资者们用心挖掘股票的价值,减少交易中的损失,帮助我们控制投机欲望,减少误判趋势的可能。在很多投资者心中,长线投资就是一次旅程,投资过程中大盘的跌涨都是旅途中的风雨和美景,只要我们坚持走完全程,就一定能获得理想的收益,达成自己的投资目标。

可实际上,长线投资中的风险不是和风细雨,而是飓风冰雹。如果我们不对这些风险进行充分的了解,并且做好充分的应对准备,恐怕就要伤筋动骨了。

老李有十多年的炒股经验,早在资本市场刚在中国兴起时,老李就

第八章
长线是金,短线也是金

通过购买认购证大发过一笔,后来靠券商融资打新、收购未上市法人股等投资,他逐渐积累了上千万资金。

2006年年初,老李凭借丰富的经验判断出,投资市场有可能彻底由熊市转为牛市,并且开始一拨较大的行情,于是他将上千万的资金逐步投入股市,而且只买不卖,持股待涨。经过一年多的时间,抗过了数次大回调,获利丰厚。

到了2007年10月,上证指数在创下6100余点的历史新高后就急转直下。一开始,老李将其判断为牛市回调,依然持股不动,可当股指跌破4000点后,李先生终于察觉这是市场转向的信号,迅速减仓至50%。当股指跌至3000余点后,不少老股民按捺不住,再度冲入市场,希望做出一把超跌反弹的行情,在印花税下调的利好刺激下,股市也的确出现了一拨反弹走势,可是老李不为所动。当股指反弹至3800余点后,老李确认市场仍会延续跌势,于是毅然清仓出局。

在股指跌破3000点之后,老李也曾拿出部分资金希望做反弹行情,但几次尝试都是只赔不赚。他明白,市场也许会就此一蹶不振了。结果不出他所料,股指一路下跌至1600余点,期间甚至没有一次像样的反弹。

"在股市上浮沉了这么久,我心里很明白,长线投资是好,但也要承担着系统风险、政策风险、上市公司道德风险等许多风险。有的时候,持有的时间越长,承担的风险越大。"老李感慨地说。

同样是经历了2007年"10.17"暴跌,徐先生损失惨重,老李却逃出生天,差别就在于,老李从来不曾忽视长线投资中可能存在的风险。

投资的风险可以分为系统性风险和非系统性风险,也可以按照风险因素,把风险分为投资者风险、政策风险、市场风险和上市公司道德风险。无论是哪种投资工具和投资产品,都要面对这些风险,只是有些风险的影响大一些,有些风险的影响小一些。

就长期投资而言,如果不能很好地处理系统风险、政策风险和上市公司道德风险,就有可能面临损失。

所谓系统性风险,是指市场作为一个整体固有的风险,就像是人生来就有惰性一样。这种风险是不能被彻底消除的,只能通过分散化投资来降低。一般投资者在进行长期投资时,并没有足够的资金支撑起一个完整的投资组合,所以要承担系统性风险。

政策风险,指货币政策、财政政策、产业政策等国家政策的变化可能对证券市场产生影响,从而导致市场价格波动带来风险。长期投资的时间比较长,所以一定会受到各种政策的约束,必然会承担政策风险。

上市公司道德风险,则源于公司和投资者利益的不一致。投资者长期对上市公司进行投资,一旦公司出现高层贪污或恶意破产,投资者的资金也将付之东流。

投资者不可以过于信赖长期投资的安全性,唯有正视长线投资的风险,才能尽可能保障自己的资金安全,达成自己的投资目标。

长期投资 ≠ 长期持有

投资大师巴菲特曾说过:"如果你不愿意拥有一只股票十年,那就不要考虑拥有它十分钟。"他说的是,只有长期持有,才能赚钱。

于是,很多投资者就开始依葫芦画瓢,"我买了就不卖",然后高枕无忧,专等最后收获。可如果你中途发现你买的是差股票或者基金,或者已经确定它未来只会走下坡路,仍然坚持打死不卖,长期持有,只会越亏越多。

长期投资不等于长期持有,盲目的持有只会加大亏损风险。即使打算长期投资,也要抓住机会,该出手时就出手。

巴菲特是长期投资的代表人物,其实他也卖股票。

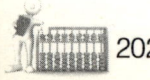

第八章
长线是金,短线也是金

2003年4月,巴菲特通过伯克希尔公司开始增持中石油H股,到了4月24日,巴菲特已向中石油投资了4.88亿美元,占中石油全部发行的H股总股本的13.35%。

"股神"在2004年致股东的一封信中说:"几年前,我在阅读这家公司的年报后就做出了买进决定,这是我们持有的第一只中国股票,也是今年最新的一只。中石油的石油产量占全球的3%,这是一个很大的数量。2003年,这家公司盈利120亿美元,排在《财富》500强公司的前五位。当我们买这个公司的股票时,它的市值为350亿美元。中石油没有使用财务权杆,它派发盈利的45%作为股息。扣除成本,我们获得了15%的现金股息收益率。"

显然,巴菲特购买中石油的主要原因是其稳定的现金股息收益率。而对于这样一只"下金蛋的母鸡",巴菲特却仅持有了4年就将其卖出了。

对困惑不解的中国股民,巴菲特解释说:"如果中石油的价格是依附于未来的石油价格,那么我将对它很有信心。可是现在中石油的股价似乎已经跟石油的价格没有关系了,我无法判断中石油未来的盈利情况,所以选择卖出。"因为看不懂,所以巴菲特选择在2007年我国股市的繁荣期卖出股票,把4年来的收益牢牢抓在了手里。

许多购买中石油H股后至今被套的投资者,都是当年跟着巴菲特买入却没有同时卖出。虽然巴菲特2007年的卖出行为遭到了很多国内投资者的嘲讽,说"巴菲特也搞不懂中国经济",可事实证明,"股神"才是笑到最后的那一个。

我们为了更好的投资,往往会向投资大师学习一些出色的理念,但很多时候,都是只学到了皮毛而没有学到精髓,忽略了我们自身跟投资大师的差异。

并不是所有股票都适合长期投资,并不是所有投资者都可以一辈子抓着一只股票不撒手,对于资金雄厚的投资者而言,适合长期投资的股票有三种:一生都要坚持持有的股票、长期持有的股票和中长期持有的股票。而对于一般投资者来说，我们需要关心的只有后两种。

连云港市的投资者吴先生，在2007年3月用自己的积蓄15万元购买了三只基金。在他买入之后，股市中发生了"5.30"大跌和七八月涨势，可吴先生坚信"坚持就是胜利"，抱着基金不撒手。等经过2008年的次贷危机，吴先生发现自己的三只基金已经全部呈现负收益，即使经过2009年上半年较高级别的反弹"疗伤"，他的收益也并不尽人意，表现最好的一只基金收益率在8%左右，最差的一只则不足2%，连银行存款率都比不上。

每当谈到自己的投资，吴先生都会叹气："我买基金的时候，银行理财师叫我一定要长期持有，不要像炒股那样把基金换来换去。现在我才算是看明白了，账面上的数字再好看都是虚的，只有在行情好的时候抓住机会卖出，才能换来真金白银啊。"

投资者要怎么做才能把账面的数字变成真金白银？

首先我们要制定明确的投资计划，考虑好既定的利润率和止盈、止损点。当股票的价格低于买入价的7%~8%时，就坚决止损。在获利20%之后，就抛出股票。

股市行情就像是波浪，上涨一段时间后必然下跌。通过简单计算我们就会看出，如果在盈利20%后卖出股票，那么就算我们投资四次只买对了一次也不会亏本。

其次，投资者要看准股市的高潮，在高潮之后卖出股票。有的股票在逐渐攀升100%甚至更多以后，会突然加速上涨，从图形看简直涨成了一条直线。这时的投资者可不能只顾着高兴，要马上抛出股票，因为这样的上涨是股票的高潮，在这之后，股价很难继续上升，很可能出现骤跌。

最后，当我们持有的股票突破最新平台失败时，也要将其卖出。大牛股的走势就像一年四季，会有快速上涨和构筑平台的交替。一般来说，股票构筑平台的时间越长，股价上升的空间就越大，但这不是绝对的，存在股价见顶的可能。

所以，当我们看到较大的不利消息，并且预计该消息可能导致最新平台构建失败，就要立刻卖出股票，以免受到股价下跌的影响。

长线、短线没有优劣之分，合适的就是最好

投资市场有这样一种说法：长线是金，短线是银。许多人认为，长线投资优于短线投资，投资者想要致富，一定要坚持长期投资。

可实际上，在投资赢家的口中流传着另一句话：长线是金，短线是王。长线和短线没有优劣之分，他们都只是投资者从市场中获取利润的办法。只要适合我们，就是金、是王，如果不适合我们，那就是破铜烂铁、是草寇。

许多刚入市的投资者可能很熟悉巴菲特、索罗斯、罗杰斯，却没听说过杰西·利弗莫尔这个名字。

利弗莫尔被称为"华尔街巨熊"，有人说他是最顶尖的投资者，有人说他是卑劣的投机天才，他是曾经存在于华尔街上的一个传奇，他的短线投资理念至今受到很多投资者的推崇。

利弗莫尔从15岁开始进行股票交易，不到20岁的时候赚到了他的第一个1万美元。

1906年，利弗莫尔刚刚30岁，他意识到美国股市的上涨趋势再难维持，便将策略用在放空上。4月17日，他跟他的一个女朋友在大西洋城——当时东海岸最时髦的聚会场所——无意间路过一家经纪厅，到里面匆匆看了一眼，看到了联合太平洋铁路公司的股票。那只股票的价格非常高，而利弗莫尔认定它一定会下跌，就提出要卖出3000股，第二天又卖出了2000股。在这个过程中，联合太平洋铁路公司的价格一直在涨，

居高不下。就在利弗莫尔卖出这5000股股票之后,旧金山被一场地震毁了,铁路大乱,联合太平洋铁路公司的股票一落千丈,仅仅一个白天,杰西就成了百万富翁。

1907年,利弗莫尔预计股市必然崩盘,在10月24日轧平和回补空头部位,一天之内赚进300万美元。美国最具影响力的金融家摩根为了把华尔街从崩溃的边缘拯救回来,亲自向利弗莫尔致敬,请他停止放空。没有人能忽视利弗莫尔在市场上呼风唤雨的力量。

后来在1929年的经济大恐慌中,他又一次天才地在最高价做空,获取了整整1亿美元的暴利。

在市场中,交易的方式主要分为两种:长线和短线。

长线投资的方式是我们比较熟悉的,即投资者在短期之内不会卖掉持有的股票。长线投资并没有时间上的严格限定,一般一年以上的持有就可以被认定是长线投资。

短线投资,是指在几天甚至当天内快速买进卖出,获取差价的投资行为。进行短线投资要冒极大的风险,当然也有非常高的收益。对于短线投资者而言,公司业绩好坏、市盈率的高低并不重要,重要的只是股价会否频繁涨落。

虽然现在的投资专家和理财节目都比较推荐投资者们进行长线投资,但这并不意味着短线操作是不好的方法。投资者在进行投资方式的选择时,要充分考虑市场的大趋势和我们自身的性格。

从市场大趋势来看,如果市场刚刚启动,并且各方面分析都确认大牛市即将或者已经展开,那么长线投资就是最好的选择。

从投资者的性格和喜好上来看,有的投资者好静不好动,较为沉稳,不适合每天忙里忙外,比较适合选择长线投资;而有的投资者生性好动,如果只看大盘起伏却不能操作,就会感到十分焦虑,这样的人就比较适合短线投资。

进行长线投资的人就像是科学家,需要用冷静的头脑应对各种可能出现的挑战,而且需要付出长时间的努力,忍受寂寞以及可能出现的糟糕局面。

从理论上讲,长线投资更适合一般投资者,因为它条理分明,易于操作,十分理性。但也就是因为太过理性,很容易使投资者失去交易的激情,把投资变成一种"坚持"的行为。对于长线投资者来说,趋势才是唯一的战友。他们并不关心价格的日内波动,看起来像是个清心寡欲的苦行僧,因为带给他们利润的并不是股票的每日价格。

进行长线交易时,最重要的是保持客观和遵守自己制定的纪律,只要坚持到底,就能获得惊人的财富。长线投资不重视盈亏的次数比例,而是盈亏的质量,这是它与短线投资的本质区别。

进行短线交易的人则比较像是艺术家,非常强调冒险和激情,需要投资者凭借自己的感觉进行买入卖出。很多投资者刚刚进入市场时都是快速买进卖出,但这样的短线方式并不是真正的短线投资。

短线交易容易模仿,但并不容易成功,因为它要投资者用金钱换回大量的经验才能真正掌握。短线投资的决胜关键往往只是一个点,需要投资者有极其快速的止损手段和获利平仓的敏感度。成功的短线投资是快乐的游戏,在博弈中获取巨额利润,综合体现投资者的知识和能力。

选投资方法就像是挑对象,只有适合自己的才是最好的。如果我们具有比较好的选股能力,那么可以选择做长线,如果我们的技术分析水平比较到位,就可以大胆去做短线投资。

短线操作并不是简单的今天买明天卖

投资市场中许许多多的专业术语经常令投资者头昏脑胀,这些专业术语所蕴含的含义并不是它字面上的那么简单。就像长线投资并不等于长期持有股票一样,短线投资,也绝不是简单的今天买明天卖。

1929年的整个夏天,美国经济持续高涨,却有一个人紧绷着神经,从大好的经济形势中看出了萧条的预兆,他就是杰西·利弗莫尔。

利弗莫尔努力搜阅金融报刊,把自己的情报与报刊上的分析进行比较,预感美国的工业即将走入困境,银行业也会随之萧条,不经历一番风雨洗礼,美国经济就不可能繁荣发达起来。他认为美国股票将出现一个前所未有的大熊市,股指将会暴跌。

1929年9月份,利弗莫尔捕捉到了第一轮信号,英国出现了前所未有的哈特雷金融诈骗案。利弗莫尔对英格兰银行不采取补救措施的行为感到十分困惑,怀疑英国可能已经没有维持金融秩序的能力。他通过多方打听,得知英国银行准备提高利率,而且美联储也打算把利率提高1%。银行利率一旦提高,人们就会把钱拿去存入银行,股市资金就可能大大减少,紧跟着必然会出现抛售股票的浪潮,抛的人多买的人少,股价必然会下跌。

与此同时,利弗莫尔得知巴布森即将进行一场重要演说。巴布森跟利弗莫尔一样,是个股市空头投机家,他曾经多次预言经济的黑暗时期将要到来。利弗莫尔发现巴布森的言论对他有用,在巴布森走上演讲台的时候,利弗莫尔通过全国各地友好的经纪人卖空了30万美元的股票。

在演讲中,巴布森告诉记者:"道琼斯指数将下降60至80点。"不到半个小时,这条消息就被传回了编辑部,几乎所有的美国媒体都在下午报道了这件事,股民们开始慌乱,跟着卖出股票,股价大跌。第二天上午,利弗莫尔突然把他的交易地位变化,买回了他所卖出的股票,抢先一步占据了主动,几天之后,股市恢复了原状,所有股价回升,利弗莫尔大捞一笔。

我们虽然不可能像华尔街的天才一样直接影响大盘,但是我们要学习他周密的思维和过人的胆识。利弗莫尔的成功告诉我们,要成为一个出色的短线投资者,只知道今天买明天卖是绝对不够的。

第八章

长线是金，短线也是金

首先，一个出色的短线投资者必须擅长基本面分析。因为基本面的分析涉及了很多方面的知识，所以投资者一定要不断丰富自己的知识，成为一个博学的人。

其次，从道斯理论来看，尽管短线投资是一种短期行为，但这种行为并不是对长期走势的否定。要把握好短线品种，需要我们看长做短。投资者可以尝试把一个图形分解成周线、日线、60分钟线来分别观察，只有这四种周期同时处于波浪理论上升三浪中的股票，才是短线安全和收益最大的。

秦先生和秦太太是一对恩爱的夫妻，他们两人都对投资非常热衷，且喜欢进行短线交易。不同的是，秦先生的控制欲望非常强烈，买入卖出十分频繁，而秦太太则平静很多，愿意参考专家的建议进行操作。

秦先生非常善于钻研，也相当自负，当他决定买入一只股票时，就需要市场证明他的正确性。一旦市场与他的预期一样，他就会产生进一步证明自己正确性的欲望，不断加仓；如果市场与他的仓位相反，他也绝不止损，只等着市场出现反转证明他是正确的。

结果四年下来，这对夫妻发现，虽然丈夫的操作频繁，盈利次数更多，专业知识也更扎实，可他的收益远低于太太。

秦先生百思不得其解，便查看了自己手下用来转换股票型和货币型的基金。这只基金，秦先生累计认/申购的金额为278100元，累计赎回金额为246098元，在这其中，秦先生真正的收益只有两万元，因为四年累计支付的手续费将近7000元。显然，是过于频繁的操作产生了大量的手续费，给秦先生的收益拖了后腿。

无论是长线投资还是短线投资，都需要投资者控制交易成本。今天买进明天卖出，赚来的钱还没有支付的手续费多，这并不是能带来好收益的短线投资。

所以，为了让我们每一次进入市场的手续费都物有所值，投资者就要学会分析股票的形态,拒绝失去上攻动力的股票。

一只值得我们介入的股票,它的上攻形态无论是在日线图表还是在各种周期复合的状态下,都应该是完美的。其中,最重要的是分时报价震荡图中的上攻状态和上攻气势。同时,关键技术点是采取压单突破还是轻松突破,是投资者必须会看的考核指标。

另外,进行短线操作还需要投资者用好各种技术分析方法,常用到的技术方法有:指标类、切线类、形态类、K线类和波浪类。

"短线投资只要在短时间内把买入的股票卖出去就足够了。"这样的心态对投资者来说是万万要不得的。如果长线投资是全民运动会,那么短线投资就是奥运会,投资者如果在没有足够技术和心理准备的时候贸然进入,很可能会赔得血本无归。

适合短线操作的股票

投资市场一向是个百家争鸣、百花齐放的领域,不同的投资思想和投资者都在这里寻找自己的梦想。有的投资者专业知识比较丰富,生性喜欢冒险,可以尝试炒金、炒外汇;有的投资者工作比较繁忙,性格比较沉稳,则可以尝试做基金定投。

其实股票也有自己独特的个性。不同的股票适合不同的操作方法,并不是每一只股票都可以通过短线操作来盈利的。

2003年,股市异常惨淡,创业初期的张丹阳像其他许多短线投资者一样,看到了发财的大好时机。通过分析,他认为当时股票涨跌不定的局面很适合大赚一笔,便谨慎小心地购入了自己认为可以赢利的股票。

经过一段时间的紧张等待,他所持有的股票果然创造出了辉煌的业绩。赵丹阳十分开心,像许多投资者一样,一边把赢利的股票死咬在手里,一边疯狂购入股票,希望继续盈利。这时的他却忽略了所持股票本身的特性,也没发现股市里存在已久的巨大漏洞,在股市出现微小波动的时候没有放手,从而错失了抛售股票的最好时机,最终血本无归。

进行短线操作,不仅要选择适当的入市时机,也要选择适合短线操作的股票,否则就算是技术高超的投资大师也会惨败。所以,我们在进行短线操作时,一定要注意选择以下这些能将我们引向成功的股票:

1.中小流通盘的股票。大盘股是发行在外的流通股份数额较大的上市公司的股票;小盘股是发行在外的流通股份数额较小的股票,中盘股则居于这两种之间。为什么中小盘股更适合短线投资?因为这两种股票不需要很大的资金流,比较方便投资者控制。

2.业绩高速增长的股票。正如我们所了解的,股票价值不能脱离公司价值,所以业绩优良是投资的基本保证。当投资者发现公司的业绩较往年相比增长速度惊人时,也可以适当降低业绩条件。就像国际间衡量一个国家的经济实力时,不仅要看这个国家的GDP,也要看它的经济发展速度,业绩增长速度往往比当前状况更重要。

3.有庄家介入迹象的股票。有人说"跟着庄家有肉吃"、"股不在好,有庄则灵",的确如此,庄家有强大的资金力量和明确的盈利目的,还有各种各样高明的手段。投资者选入库的股票最好都满足"庄家已经现行"的条件,比如有巨大的主动成交单等。

4.长期盘整的股票。盘整是价格变动幅度较小,比较稳定,最高价与最低价之间差距不大的行情。投资者在衡量盘整时,最好参考换手率,因为有的股票虽然盘整时间很长,但成交量却很少,原来的套牢盘还被套牢着,介入后完全得不到什么收益。所以,我们最好选择换手率在200%以上的长期盘整股。

5.有可靠利好消息和题材的股票。利好消息和可炒作的题材,是主力操作该股上行的理由。我们可以建立一个拥有可靠性利好消息的"股票池"，力求做到对这个库中的股票了如指掌，对它们进行实时跟踪。而跟踪的股票数量则需要根据投资者的情况来决定，必要时可以借助计算机多跟踪一些。

"杨百万"的事迹曾经点燃过无数投资者的财富梦想，鼓励人们前赴后继地涌向股票市场。"杨百万"原名杨怀定，是上海滩第一批投资大户。这个投资大师没上过大学，初入股市时也没有很多资本，却愣是通过对利好消息和热门题材的敏感把握，通过倒卖国库券和征战股市发了家。

1988年，我国宏观经济整顿初见成效，市场上出现了许多卖不出去的生产、消费资料，很多工厂停工，经济整体疲软。国家为了发展经济，采用了宽松的经济政策，放松银根，降低银行贷款率。中央电视台一天三次地播放这个消息，力图让全国人民都知道：现在不需要大家把钱存银行，都把钱取出来去买东西、搞投资吧！

杨怀定从电视中看到了这个消息，便开始思索：银行利率下调，不就说明国家鼓励投资吗？这样一来，股票自然就会涨。杨怀定想得明白，跟妻子一合计，拍板决定，就投资股票了！于是第二天早上九点，杨怀定去了当时上海唯一一家两间门面的证券交易市场——静安证券门市部。

那时的杨怀定已经因为倒卖国库券声名鹊起，所以他一走进营业厅，从周围的投资者到窗口的职员，都以为他又是来买国库券的，谁知杨怀定在营业窗口语出惊人："现在还有多少种股票，多少数量待售？按它们的卖出价算，我全要了。"

整个门市部都轰动了。最终，杨百万买了面值100元的电真空股票2000股（相当于现在的20万股）。杨怀定买股票的消息一传十、十传百，很多人都相信他看得准，于是没过多久，股票就只有委托买进没有委托卖出了。结果不出半年，股市开始猛涨，一下子摆脱在100多点徘徊两年多的历史，进入了轰轰烈烈的大涨阶段：100元的"电真空"股一下子涨到2200元，杨怀定赚得盆满钵满，"杨百万"这个名字响彻全国！

投资者想要成为下一个创造股市传奇的"百万"或者"千万",就要学会抓住市场中适合短线投资的时机,并且购入适合短线操作的股票。凭借丰富的知识、冷静的心态和过人的胆魄,相信我们也可以获得成功。

如何成为短线高手

短线操作和长线操作相比,无论是看中的素质还是追求的目标,都有非常大的不同。

如果把长线投资者比作少林寺里普通的武僧,那么短线投资者就应该是十八铜人级别的高手。要做短线投资的高手,就要踏踏实实地内外兼修,不断参悟。

第一步:理解短线操作的原则。

有的投资者不明白我们为什么要放弃复利优势、选择短线操作,认为这是放弃了赚大钱的机会。短线操作并非不想赚大钱,只是不参与走势中不确定因素太多的调整。做短线,就是用短线方法规避"走势中的不确定因素"。因此,短线操作的原则就是:当一只股票丧失了攻击力时,投资者就必须离场。

第二步:了解自身的短线操作能力。

短线投资者要了解自己的水平,就需要了解"左右侧交易"的概念。

在股价上涨时,以股价顶部为界,凡在"顶部"尚未形成的左侧高抛的,就是左侧交易;在"顶部"回落后杀跌的,就是右侧交易。

在股价下跌时,以股价顶部为界,凡在"底部"左侧低吸的,就是左侧交易,在见底后回涨时追涨的,属右侧交易。

左侧交易是业余水平标志,而右侧交易是专业水平的证明。因为左侧交易中的主观预测成分就多,而右侧交易则体现出投资者的客观应变能力。要获得这种能力,不仅需要投资者们经常研究市场走势,有过硬的操作技术,还需要我们有强大的心理素质。

第三步:修炼内功——拥有好心态。

短线高手需要拥有四心:"耐心"、"细心"、"决心"、"狠心"。

在等待机会时要耐心,不见兔子不撒鹰。在机会出现之后要细心,去辨别机会的真假与大小。确认机会的真实度后,要有果断出击的决心。发现自己判断错误之后,要有敢于迅速改正错误,进行补仓或止损的狠心。

耐住寂寞等待完美图形的出现,并且抓住时机果断出击,这是短线高手的基本功。

第四步:低位补仓救援和高位斩仓止损。

市场中没有常胜将军,即使是短线高手也会出现判断失误的时候,在这时就要及时采取保护措施。

在高位看错后必须严格止损,因为股价处于高位,后市下跌空间很大,获利机会已经消失。

在低位看错时应该敢于补仓,因为股价可能尚在循环周期的低位和上升通道中。如果股价是在下降通道中运动,下方无重要技术支撑,则应该果断斩仓止损。

投资大师林园在2008年的次贷危机中,以出色的止损获得了惊人的业绩。那时的股市正处于牛熊双市的交叉点上,有许多投资者被股市的火爆所迷惑,抱着大赚一笔的想法疯狂购买股票,而林园却冷眼观望。

他经过细致考察,凭借敏锐的判断力发现了股市中存在的很多漏洞,预计不久就会发生暴跌。于是,林园将手中持有的股票抛售一空。

结果只过了一天,股市全盘下跌。林园虽然因为止损损失了一笔资金,但却为自己的未来留下了无限可能。至于那些不愿意损失一笔资金的投资者,却因没能及时离市,失去了再次翻盘的机会。

投资者要成为短线高手,仅仅掌握上述的四个步骤还有所欠缺,需要再学习一些"武功秘籍"，掌握一些其他投资者望尘莫及的绝招，比如"六炒六不炒"法。这个方法在任何时候都有参考价值。

第一，炒小不炒大。从历史数据上看，翻倍的大黑马基本上都是小盘股。流通股在8000万元以下的小盘股、价格适合的股票，由于庄家比较方便控盘，所以容易翻倍。所以，投资者选股时可以以小盘股入手。

第二，炒低不炒高。有些公司业绩好，题材也热门，价格很容易被炒高，比如清华紫光、四川长虹等，都曾被炒到50元以上，可它们在2003年纷纷跌至3-5元不等。这就提醒我们，股价处于高位的绩优股是十分危险的。而五元以下的低价股风险就比较小，就算跌到50%，2.5元的股价也给了投资者翻盘的可能。而且低价股更容易出黑马，所以投资者最好炒低不炒高。

第三，炒短不炒长。目前，国内许多上市公司的业绩并不稳定，很多公司都是"一年优、两年平、三年亏"，再加上股市中还有很多不规范之处，所以长期持股的中国投资者有时像在坐电梯：到了顶点又回到起点。就国内情况来看，最稳妥的办法就是在短期获利之后立刻落袋为安。每年股市都会有一个波段行情，时间大约为2-5个月。所以，一年炒一次波段即可。炒短不炒长，其实就是炒"段"不炒长。

第四，炒新不炒旧。老股都被爆炒过，上涨动力不足，有的爆炒后几年都无行情，所以炒股一定要以新股为主。

第五，炒冷不炒热。以股市中的经验来看，跟风炒作热点的投资者大部分失败而归。而所谓的冷股，是指很长一段时间没人关注，股价也没有突出表现的股票，这种冷股一般是庄家的战略股，如贵州茅台从2001年8月上市到2005年，一直没有被炒过，股价始终在40元左右徘徊。到了2006年，股价却涨到复权价220元。

第六，炒反转不炒反弹。对于大盘来说，反转、反弹是十分重要的。如果大盘经过长期盘整，底部已经夯实，一旦行情趋势反转上升，投资者就算没抓住第一时间，也要在第二时间建仓。行情趋势反转上升，什么时候买都是对的，这就是炒转的概念。反之，就要做空，坚决做空不做弹。

第九章

向投资大师学习的7个策略

投资不是投机——吉姆·罗杰斯

网络上有这样一种说法："现如今，买半平方米房子的钱就能去新马泰玩一圈，一平方米的钱就能去欧洲列国周游，等你逛遍了地球，还花不了你一个厕所的钱，可你的世界观已经改变了。"

周游世界是很多人的梦想，可是我们往往因为囊中羞涩和没有空闲而推后出行计划。在大部分人的观念里，旅行和致富是不能兼得的，但有个人做到了，他就是著名的投资大师，量子基金的创始人之一、人称"奥地利股市之父"的吉姆·罗杰斯。

由于2007年和2008年罗杰斯对中国股市情况的一些误判，许多国内投资者都称他为"投机者"。可事实上，"投资不是投机"却是罗杰斯的重要原则。无论是在投资市场还是在生活中，他都牢记这一点，勤奋、严谨、踏实地走向成功。

在某一次采访中罗杰斯告诉记者:"我有过很多投资经验,成功的或者是失败的。我发现,失败的经验往往容易让我们学到更多。"

罗杰斯讲了自己年轻时候犯下的一个错误:"有一年我判断股市要崩盘,发觉通过卖空可以大赚一笔。股市大跌之后,金融机构纷纷破产,我的资产一瞬间翻了三番,那种感觉真是美妙得好像做梦。"年轻的罗杰斯十分得意,对自己充满了信心,预测股市将会进一步下跌,便准备再捞一笔,集中了自己所有的资金大力卖出。可惜市场不如人愿地上涨了,罗杰斯没办法,只能斩仓卖出,账户里一分钱都不剩,"我甚至连自己的摩托车都卖掉了。"他笑着说。

通过这次的失败,他发觉自己有时并不知道自己在做什么。他做出的判断,根本就是一种投机心理在作祟,并没有任何的研究做支撑,从那以后,他就告诫自己:"获得成功以后不可以被胜利冲昏头脑,一定要保持平静的思考,投机不是投资。"

罗杰斯是量子基金三个创始人之一,在1970年到1980年的十年里,量子基金的复合收益高达37%,远远超过了巴菲特同期的29%和彼得·林奇的30%。可罗杰斯并没有被高收益冲昏了头脑,他在离开量子基金后,踏上了环游世界的征程,并且创造了吉尼斯世界纪录。

他一边实现自己的环游梦想,一边考察各个国家的经济情况,给自己寻找到了许多难得的投资机会,在1999年经过中国的时候,罗杰斯在上海建户购买了B股,盈利高达500%。

罗杰斯用他独特的投资智慧和潇洒的生活态度换来了许多投资者的推崇,我们也许无法离开座位去旅游,却可以学习他的七条投资法则:

一、勤奋。与罗杰斯一起创办了量子基金的索罗斯曾经评价说:"他是个杰出的分析师,非常勤奋,一个人可以做六个人的工作。"罗杰斯的成功源自于他的不懈努力,以及对投资实业的激情。

二、独立思考。罗杰斯发现,如果他能按照自己的理解去做事,那么就可以轻易地达成目标且获得更令人满意的收益，而不需要别人对他指手画脚。"市场永远是错的，我们必须独立思考，抛开羊群心理。"罗杰斯如是说。

三、别进商学院。罗杰斯在哥伦比亚经济学院教书时对他的学生说："去学历史和哲学吧，干什么都比进商学院强，去当服务员，去远东旅行。"他这样说是缘于对机会成本的计算。一个学生读书期间要花掉10万美元，这笔钱与其用来学习投资，倒不如真的用来做投资。在投资市场中，无论是赚是赔都要比坐在教室里强，自己实战会比听没做过投资的"资深教授"获益更多。要在投资市场中成功，重要的不是专业知识，而是思维方法和行动能力。哲学使人聪明，历史使人明智，这两个学科是投资者要用心学的。

四、绝不赔钱法则。罗杰斯告诫我们，当我们不知道自己在干什么时，就最好什么都别干。"如果你在两年内投资赚了50%的利润，却在第三年亏了50%，那么，你还不如把资金拿去买国债。你应该耐心等待好时机，赚了钱获利了结，然后等待下一次好机会。"绝不赔钱是罗杰斯的原则，他认为，只有做自己熟悉的事，只有在发现好机会时出手，这才是明智的。

五、价值投资法则。在罗杰斯看来，"错过时机"比"搞错对象"要强，起码这样不会全军覆没。他建议投资者购买具有实际价值的商品，因为这样即便买进时机不对，投资者也不会遭遇重大亏损。

六、等待催化因素的出现。罗杰斯从自己的经验中总结出，市场的走势时常会呈现长期低迷不振的情况，这时是不宜把钱投入市场中的，我们应该像猎人一样，等待能够改变市场走势的催化因素出现。

七、静若处子法则。罗杰斯对投资者常有的"试试手气"的想法很不认同："这是导致投资者倾家荡产的绝路。"他曾经表示，投资的法则之一就是袖手不管，除非有重大事情发生。大部分的投资人总喜欢进进出出给自己找事情做，炫耀说："看我多高明，又赚了3倍！"然后继续给自己找事情做，这样的人没办法坐下来等待大势的自然发展，很容易把赚到的钱赔个精光。所以，我们在进行投资时，要动如脱兔，出手快准狠；

也要静若处子,看清投资市场中的机遇和风险。

过于分散的投资比集中投资更危险
——菲利普·费舍

巴菲特的一生中有两个对他启发颇大的恩师,一个是教会他构建安全边际的格雷厄姆;一个是教会他发掘企业价值的费舍。对于20世纪60年代的投资者来说,菲利普·费舍的《怎样选择成长股》是一本重要的启蒙读物,这本著作以及它的作者对整个美国投资界意义重大。

费舍曾经说:"最优秀的股票是极难寻找的,如果容易找到,那不是每个人都可以拥有了?我想购买最好的股票,否则我宁可不买。"不要过于分散投资,这是费舍留给我们的智慧。

菲利普·费舍已经在2004年辞别人世,这位内敛的投资大师其实拥有非常不平凡的履历。费舍于1928年毕业于斯坦福大学商学院,一开始是旧金山国安盎格国民银行的一名证券统计员,在1931年3月1日,他创立了费舍投资管理咨询公司。在他70多年的投资生涯中,他一直致力于投资并持有那些高质量、管理良好的成长型企业,并且取得了辉煌的战绩。

不过费舍对投资业做出的最大贡献是他关于"成长股"的认识和见解。费舍分析了数十年来的长期统计规律,发现股价的长期升幅与公司业绩的升幅基本接近。真正杰出的公司,长期的股价涨幅是相当惊人的,坚持抱牢杰出公司的股票,可以帮投资者在经历市场起伏后获得很好的收益。

由此费舍得出结论,寻找成长型股票是长期获得稳定收益的必由之路，并且总结出一套寻找真正杰出公司的办法。

费舍指出，投资者想要找到那些真正杰出的股票，其实并不需要所谓的内幕消息。我们只要通过"闲聊"法就能达到目的。真正杰出的公司，绝大多数的资讯都是透明的，并不需要十分专业的经验，而许多投资者都热衷于打听公司内幕，是因为他们并不懂得"70%以上的情报来源于公开信息"这一道理。

所以，投资者与其把宝贵的精力用在打探内幕消息上，把有限的资金用在太多的领域，倒不如集中投资。毕竟，股市中真正能带给我们的好股票是有限的，而把摊子铺得太大，会给投资者招致更多风险。

老乔治在股市沉浮数十年，如今把投资的接力棒交到了儿子小乔治手中，他反复叮咛儿子："千万不要把铺子铺得太大，在股市里，四处出击实在太危险。不要同时在许多股票上建立头寸，因为同时照顾几只股票可能还忙得过来，但同时顾及很多绝对会令人不堪重负。"

老乔治的经验是从他自己的投资中得出的。20世纪20年代末的疯狂牛市中，他清楚地看出铜业股票的上涨行情已经进入了尾声，其后不久，汽车业的股票群也达到了顶峰。因为牛市的行情在这两类股票群里都已经临近终点，老乔治立刻得出了一个有纰漏的结论，认为当时是可以安全地卖出任何股票的，这样的做法一开始是给他带来了一定的盈利，到了后期却使他蒙受了灾难性的亏损。

在这之后的六个月，当老乔治在铜业股票和汽车股票的交易上积累了巨额账面盈利后，他萌生了新的征服欲，认为自己可以兼顾更多的股票，用分散的投资来降低风险，增加收益。他开始力图压中公共事业类股票的顶部，然而后者的亏损超过了前者的全部盈利。当公共事业类的股票到达顶部时，铜业股票和汽车股票的交易价已经下降了大约50点。

投资者应该时刻提醒自己，不要在市场上铺得太开。诚然，投资界有"不要把鸡蛋放在同一个篮子里"这样的金玉良言，但是这句话并没有让我们过于分散自己的投资。

我们想要在投资市场中获得胜利，就要用有限的金钱寻找到市场中有限的杰出公司，让他们为我们来创造无限的财富。就像始终坚持只投资成长型企业的费舍。

费舍在23岁自立门户时可谓一穷二白，他的办公室只有一张桌子和两把椅子，连窗户都没有，但由于他科学合理的投资理念，事业发展得非常顺利，在不到5年的时间里就拥有了一群属于自己的忠实客户。

20世纪50年代，费舍迎来他事业中巅峰的15年，他的投资管理顾问公司每年的平均报酬率都在20%以上，他所投资的股票升幅远远超越指数。他曾于1955年买进的德州仪器股票，该股到1962年升了14倍，随后德州仪器暴跌80%，但随后几年又再创新高，比1962年的高点高出一倍以上，价格高出30倍；60年代中后期，费舍开始投资摩托罗拉，持有21年，股价上升了19倍——股价由1美元上升至20美元，不计算股利，折合每年平均增长15.5%。

所以，投资者们也要重视企业的内在价值分析，注意进行成长性投资，不要过于迷信分散投资的抗风险性，也一定可以达成自己的投资目标。

研究一下你自己
——美国共同基金之父罗伊·纽伯格

人们一定不会要求篮球运动员都十分苗条，同样，也不会要求体操运动员都善于冲撞。每个人都有自己的优势和劣势，也都能找到适合自己的投资产品。在研究投资产品之前，我们应该先研究一下自己，否则会像是走上篮球场的体操运动员，被搞得伤痕累累、晕头转向。

只有了解自己，投资者才能更好地制定投资计划。现在，我们可以通过一个小测试来研究一下自己。

1.你年轻的邻居买了辆新车，他提议跟你父亲的那辆新车比赛，可是那辆车你父亲是不允许你随意使用的，你会怎么做？

a.毫不犹豫地开车去比赛。

b.不理会邻居，去忙自己的事情。

c.告诉邻居你父亲不可能让你借他的车。

2.当你的班主任一脸愤怒地走到你面前时，你会怎么做？

a.因为她心情不好所以不敢招惹她，无论她说什么都默默听着。

b.询问她："您为什么生气？"并且仔细聆听她的话。

c.绝不吃亏，如果她毫无理由地发脾气，就坚决反驳回去。

3.如果你在商场遇到了一位相貌出众的异性营业员，对方走过来询问你是否需要服务时，你会怎么做？

a.跟对方交谈，诉说自己的需要，称赞对方的品味。

b.羞涩地避开，表示"我自己可以"。

c.坦然接受对方的服务，在离开时询问对方的联系方式。

4.假设你今年27岁，用自己辛苦攒的钱买了套房子，每月按揭2000元，利率也很低。你找了一个人与你同住，他每月付你1000元房租，这样，每月除去所有的费用和零花，你有500元的剩余，这笔钱你会怎么花？

a.用这笔钱和另一个朋友合伙再买一套房子来出租。

b.用来供房还贷。

c.用一半来装修公寓；另一半去做投资。

5.你在小区举办的全民运动会里表现出色，获得了1000元奖金，你会怎么花这笔钱？

a.花400来添置杂物,存500去做投资,剩下的100捐回社区。

b.带朋友出去爬山,外加一顿大餐,用光所有奖金。

c.把钱藏在家里存钱的信封中。

现在可以计算一下分数:

1.a.3分　　b.1分　　c.2分

2.a.1分　　b.2分　　c.3分

3.a.2分　　b.1分　　c.3分

4.a.3分　　b.1分　　c.2分

5.a.2分　　b.3分　　c.1分

结论:总分在11分以上的投资者,你是一个喜欢冒险的投资者。你的决定有时候会过于冲动,当感觉时机来临,就会完全丧失审视投资对象的耐心。在你看来,投资这场博弈就是"狭路相逢勇者胜",这样的性格使你很容易在高风险投资中获得巨额财富,也很容易遭受巨额损失,一旦受到挫折,很可能把东山再起的机会也输掉。

总分在7—11分的投资者,你是一个温和的投资者。你在投资前一定会制定周密的计划,很少莽撞。当然,在不危害你长期目标的前提下,你也不介意去冒一定的风险。中等风险的投资比较适合你,尽管你不愿意遭受损失,但拥有一定的承受力,在受挫之后能够重振旗鼓。

总分在5—6分的投资者,你是一个无风险型的投资者。你喜欢在安稳的环境中做事,可能并不适合承受巨大风险,因此那些风险大、收益没有绝对保障的投资项目你不用考虑。你的长处是在选择安全的投资工具时十分谨慎,即使在市场严重动荡的时期也不会蒙受太大损失。不过投资市场中,风险是与收益并行的,你绕过了风险,也就牺牲了一部分收益。

上面的小测试不是百分之百的科学,但"研究一下你自己"这一观点却需要投资者牢记,他出自美国共同基金之父罗伊·纽伯格之口,在罗伊的"十大投资原则"中位列首位。

投资哲学

Investment philosophy

　　罗伊·纽伯克被业内人士称为"世纪长寿炒股赢家"，他不仅拥有巨额财富，而且有着健康的身体和美满的家庭。罗伊经历了1929年的大萧条和1987年的股市崩溃，并且在这两次股灾中顺利逃脱。在他长达68年的从业经历中，从来没有一年赔钱，这令"股神"巴菲特都望尘莫及。

　　这样一位传奇般的投资者其实并没上过大学，也没上过商学院。他为什么有勇气去华尔街投资？甚至在美国开创开放式基金的先河？因为他对自己有充分的认识。

　　罗伊通过对自己的研究，发现自己很适合在华尔街工作。他进行股票交易是出于一种本能，而且当机立断，很善于在分析各种纷乱的因素后做出有利的决定。

　　因此，罗伊也建议投资者去做心理测试，从而了解自己的性情脾气，问问自己：我是否有投机心理？我能不能承担风险？我能不能保持冷静？成功的投资者应该做到冷静沉着，每一次行动都迅速到位，而这种迅速要建立在充分的准备之上。

　　我们要熟悉自己投资的领域，而远离那些我们知之甚少的企业，对自己的知识面有所了解，我们才能做出正确的选择。

　　一旦我们的选择出现错误，就应该及时进行改正，就像罗伊说过的那样："如果你觉得自己错了，就立刻退出。因为股市不像房地产那样需要冗杂的手续，你可以随时从里面逃出来。"

　　个性在现代投资中有着十分重要的地位，不同的投资者面对相同的机会往往会做出不同的选择，最后导致成功与失败的差别。所以在我们寻求成为投资高手的办法前，应该先充分研究一下自己，从精神与身体两方面出发，看看我们是否合格。身体是革命的本钱，投资者一定要注意保养，拥有健康的体魄。就算我们不能像罗伊那样长寿，至少也要有机会享受我们自己创造的财富，这才是我们进行投资的目的。

群众永远是错的
——华尔街"独狼"伯纳德·巴鲁克

任何一位政客都不敢说："群众永远是错的。"因为无论是国内还是国外，群众的力量都是不容小觑的。可是这句话，恰恰就是由"公园长椅政客"伯纳德·巴鲁克说出来的。当然了，在巴鲁克自己看来，他是一个"投资者"，他还在纽约市立大学建了一个巴鲁克学院，这个以金融投资课程著称的校区在专业投资者中可谓赫赫有名。

巴鲁克有过许多绰号，比如"总统顾问"、"投机大师"、"独狼"，当然最有名的是"在股市大崩溃前抛出的人"。他的性格十分多变，让人捉摸不透。他操作过许多投资，投机性很强，又说出过"群众永远是错的"这样的言论，似乎很不讨人喜欢。

可是忠言往往逆耳，市场一次又一次地证明了，投资者很容易被市场的表相迷惑，忽略市场的规律和本质，作出错误的决定。

项先生是一位中学历史老师，可他在历史上的知识却没能顺利运用到投资上。2007年上半年，股市一路飘红，等学校门口的保安都开始炒股时，项老师再也坐不住了。他与妻子商量了一下，把家里的积蓄30万元拿出来，在4月份投入了股市。

这之后，股市迎来了"530"行情，项老师小赚了一笔，也有资本炫耀自己的收益了。不过他性格比较保守，又习惯于参考别人的意见，所以从股市中抽出一部分资金，转投了基金。后来，他又在别人的动员下，开始炒八股(中小盘股)。总之，在那段时间，什么投资热门他就掺和什么。至于具体买哪只股票和基金，他只是照搬同事的套路，因为他自己对投资一窍不通。

可惜的是,项老师跟进的所有投资品种都在他投资之后一路下跌,截止到2010年,他已经损失了15万元,占总资金的一半。

其实投资者都是有自己的判断思考能力的,甚至很多人是明智理性的。为什么聪明人会犯错?因为人们处于群体中时很容易受到影响,看到股市上涨就过于兴奋、盲目入市;看到股市下跌又过于沮丧、惶恐离市,对此,巴鲁克曾经嘲讽道:"股市存在的目的不就是把尽量多的人变成傻瓜吗?"

巴鲁克对群体盲动有深切的体会,他始终坚持反向操作,这种特立独行的行为方式为他换来了"独狼"的称号,而这也是他本人非常喜欢的称号。在他看来,一般投资者都是跟着领头羊闷头乱撞的羊群,只有他自己,是游离在群体之外、能抓住获益机会的猛兽。

20世纪20年代末,华尔街处于一片疯狂中。有一天,巴鲁克在大街上停下来擦皮鞋。擦皮鞋的小男孩忙得足不点地,却仍饶有兴趣地与身边的人探讨股票市场的赚钱秘诀。巴鲁克的皮鞋被擦得锃亮,他穿着这双鞋迅速赶回办公室,一进门就要求工作人员把所有的股票抛售一空,从而在1929年的全球股市大崩盘中逃过一劫。

"当擦皮鞋的小童都要跟我探讨股票的时候,我就知道该抛售了。"巴鲁克事后说。

其实很多投资大师都点出过群体行为的弊端,比如巴菲特说:"在别人贪婪时恐惧,在别人恐惧时贪婪。"邓普顿说:"行情在绝望中诞生,希望中毁灭。"

巴鲁克的许多高深的投资理论都是从"群众永远是错的"这一基本认识衍生而来,这句话可以说是巴鲁克投资的第一要义。

他认为,投资者想要每次都在低位买入、高位卖出是不现实的。我们可以采用一个非常简单的标准,来判断何时才是买入的低价和卖出的高价：当人们纷纷涌向股市时，我们就要果断卖出，不管它会不会继续涨；当股票便宜到没人要时，就积极买入，不管他是不是还会再跌。

巴鲁克这种逆势而上的思维不仅仅是一个"勇"字的问题，他很了解自己每一个行为的目的，他说："其实每个人都有独特的判断力，每个人都能把握稍纵即逝的机会，关键是看他用在什么地方。很多人都曾看到苹果从树上落下来，可是只有牛顿发现了万有引力。差别就在于，我们会不会思考。"

投资市场中的所谓"真实情况"。其实是透过人们的情绪波动间接表达的，短时间内，无论是在一周、一个月还是半年中，股票价格上升或下降并不是基于客观的、非人力的经济力量或形势改变的，而是人们对发生的事情做出的反应。所以，投资者在进行判断时，要穿透这些表象看到实质，通过独立思考，去了解发生的事情，去除一切可能导致非理智行为的环境因素，对投资对象的基本面进行深入研判，从而做出自己的投资决定。

只买便宜的股票
——便宜货狙击手约翰·内夫

投资者也许都曾幻想过，如果自己已经身家上亿，拥有了自己的基金，那么应该找谁来管理我们的巨额资产？巴菲特？索罗斯？罗杰斯？

实际上，根据几项民意测试我们可以得知，约翰·内夫是华尔街投资大亨们心中的理想资金管理者，有钱人都希望由内夫来管理自己的钱。

约翰·内夫是个低调得过分的投资专家，即使他出现在投资者面前，我们也很难认出他，他看起来不像一个华尔街精英，反而像一个美国中西部的普通官员。他在投资界以外默默无闻，却在投资界中煊赫非常——他是市盈率的鼻祖、价值发现者以及了不起的低本益型基金经理人。他只买便宜的股票，让便宜的好股票和惊人的收益率不断创造财富。

20世纪80年代的一天，一对母女走进了美国Buellington仓储式折扣连锁店，并且一口气购买了三件大衣——她们是内夫的妻女，应内夫的要求来考察Buellington的经营状况顺便采购。回家之后，她们向内夫强烈推荐这家公司，内夫接受了她们的建议，买入了这家公司的股票，最后获得了500万美元的投资收益。

内夫自幼家境贫寒，家中颇多变故。他的父亲是个对价格十分敏感的人，他的一句口头禅"能买进才能卖得出"影响了内夫的一生。

约翰·内夫在平时的生活中不喜欢看报纸，更不打听什么小道消息。他是华尔街的"价值发现者"，最热衷于寻找那些在一段时间内股价极低、表现极差的股票，并且会在股价过高、走势太强时准确无误地卖出。内夫说："普通的投资者往往会选择高增长的公司，但这样的公司往往没有持续增长。问题不是出在公司的经营上，而是股价已经没有了上涨的余地。"内夫从不像其他"价值投资者"那样寻求股价的短期上升，而是会在买入具有投资价值的潜力股之后，耐心等待他的"便宜货"重新被市场热捧。

内夫的许多成就，在基金史上无人能及。他一直致力于寻找股价偏低的好公司。从1964年到1995年，他管理温莎基金31年，总投资保持率达55.46倍，平均年复合收益率达13.7%；他管理的另一只基金，格米尼基金，其增长率也几乎是股市的两倍。1980年，内夫接手快要维持不下去的宾西法尼亚大学捐赠基金，在16年内使其获得了10倍的投资报酬。这一切，都是低成本和高收益结合的力量。

可喜欢便宜货不意味着内夫"只买便宜的，不买对的"，内夫所追求的，是那些"物美价廉"的好股票。

陆东是个投资市场的新手,他大略看过几本投资书,并给自己制订了"不买高价股票"的原则。由于"瞎猫碰上死耗子"地通过一只低价股大赚了一笔,陆东对自己的"投资方式"深信不疑,不过在此之后,他再也没有撞上又便宜又廉价的好股票。

有的朋友劝他道:"低价股多是垃圾股,公司业绩不好、投资价值也不高。买股票怎么能只看价格呢? 还是找点有价值的蓝筹股吧!"过了几个月,那人向陆东推荐了中国船舶,后来突破过200元的那只股票。

彼时,那只股票已经连续7个月涨停,股价高达70元。陆东一看,认为股价已经远超过他的承受范围,便用自己受伤的资金买了其他几只股价不到10元的低价股。

3个月后,这只股票涨到90多元,那人再次给陆东推荐。陆东心中十分挣扎,他已经眼睁睁地看着这只股涨了20多元。可是想到如此高的股价,再加上自己是全仓持股,他最终还是没有购买。这之后,中国船舶完全不理会大盘,一路冲破100元、150元,最后超过200元时,陆东尝到了后悔的感觉。

现在,陆东每次跟人聊起自己的投资都感慨良多,认为自己错过了很多次进仓良机:"我亲眼看着中国船舶从90元一点点爬到200元。哎,以后挑股票还是看公司的成长价值吧, 只看股价来决定的确是太幼稚了。"

如果要按照重要性来为"公司价值"、"公司成长价值"和"股票价格"来排序的话,那么公司成长价值会优先于公司价值,公司价值又会优先于股票价格。价格虽然是投资者们选择股票时的一个重要标准,但它并不是投资的全部。价格规律在投资市场也是适用的:"便宜没好货,好货不便宜。"

全世界的投资大师寥寥无几,每个靠投资发家的人都为人津津乐道,这从侧面反映了投资的困难。要想寻找到一种价值高且价格低的投资产品是很有难度的,这需要我们拿出足够的耐心来等待,拿出足够的决心来买入,拿出足够的信心来持有,最后拿出足够的狠心来卖出。

只买便宜的股票,看似容易,做起来却很难,这需要投资者同时兼具出色的投资能力和强大的心理素质,一旦做到这两点,我们也可以像约翰·内夫一样成功。

投资者一定要当机立断
——威廉·欧奈尔

相信大多数投资者都听说过《华尔街日报》,我们经常可以在国内的新闻和杂志上看到这个名字。那么,有多少人听说过《投资者商报》呢?

《投资者商报》是一份订阅量已经超过《华尔街日报》的美国报纸,他的创始人威廉·欧奈尔1984年亏本创刊,剑锋直指百年老报《华尔街日报》。通过近30年的努力,《投资者商报》从一份订阅量不足3万的小报,跃居成为订阅量过百万的媒体巨人。

如此说来,欧奈尔一定是位出色的商人了?其实不仅如此,他还是一位基金管理大师,在他2010年隐退之前,全球每天有600个基金管理人从他那里得到指导。除此之外,他还管理着价值超过20亿的新美洲基金。还有什么?欧奈尔很注重对散户的指导,他的CANSLIM股票交易体系和许多投资观念都对投资者意义重大。

1978年3月1日,美国道琼斯工业指数再创新低,从1976年9月22日的1026.30点跌至736.80点,当大部分投资者都沉浸在一片恐慌中时,欧奈尔却在《华尔街日报上》发了一个占据一整版的广告,告诉大家:"牛市来了!"

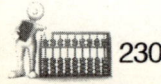

广告刊出之后,道琼斯指数果然重新开始了一轮喜人的大牛市,欧奈尔的这一壮举震惊了很多人,也初步奠定了他华尔街顶级大师的地位。

同样,在1982年的2月,他再次发了一版广告,用同样的方式告诉大家——牛市来了!并且再度一语成谶。

欧奈尔拥有"散户灯塔"的美名,因为他从来不吝啬于与广大投资者分享自己的投资方法。他教会我们如何选股和选择买卖点、如何通过购买基金致富、如何寻找黑马股,以及通过预判大盘的顶部和底部,他曾经明确地提醒投资者:"股市行情一旦走到了头,投资者就一定要当机立断地离市,绝对不能坐以待毙。"

投资者都明白,事物都是盛衰交替的,投资市场也一样。当市场运行到顶部时,必然会向下运行,这时就需要我们采取措施,及时抛出股票。而当大盘行至最底部时,我们就应该积极准备进场,以抓住投资的最佳时机。那么,投资者要如何预判大盘的顶点和底部呢?

在预判大盘顶部这一方面,欧奈尔指出:"大盘走完牛市并不会立刻上调,而是在步入熊市的前一段时间——可能是几天或者儿星期——从一批前期领涨的股票现行下调开始。等大盘从头慢慢下滑之后,还会出现一段时间的止跌回稳,最后才会不断破位下跌。"

可见,投资者只要当机立断地进行止盈止损,还是有机会通过及时止盈止损从大熊市中逃脱的,为了说明及时抛出股票逃生的重要性,欧奈尔曾经举过"温水煮青蛙"的例子。

我们现在常说的"温水煮青蛙",是美国康奈尔大学进行过的一个著名实验。科学家先把青蛙投入沸水中,青蛙因为受不了突如其来的高温,会奋力挣扎,从水中跳出顺利逃生。可是当科学家把青蛙放入装有冷水的容器并且慢慢加热时,青蛙会因为开始时水温的适宜而忽略隐藏的危险,当它意识到危险并且试图挣脱时,往往已经太晚,结果只能烫死在水中。

在股市刚刚变坏时，投资者就应马上从股市中撤出，以免变成被水温迷惑的青蛙，最终折损在即将来临的大熊市里。

那么，我们怎样预判大盘何时达到顶部呢？欧奈尔提供过很多办法，他总结道："追踪大盘每天的走势，留意长期积累的获利盘什么时候大规模出货，这些都是判断大盘到达顶部的重要参考。"比如1954年年初的某天，纽约交易所的成交量明显放大，可是股价却没有相应的上涨，在次日，道琼斯指数以放量下跌的走势确立了大盘头部，开始下跌了。这样的大盘顶部就可以通过出货来观察。

至于应该如何判断大盘的底部，欧奈尔说，如果投资者敏锐地发现市场转入熊市并且成功逃脱，就可以耐心等待，一旦市场调整到位就大胆介入，切忌过早介入，因为那样，我们将不得不忍受套牢的煎熬。

当然，大盘每天的走势就是我们判断大盘底部的最重要依据。当投资者发现大盘在下跌的过程中开始反弹时，一定要拿出自己的耐心，不要冲动，因为反弹并不意味着大盘会出现反转。如果其后几天的交易量持续放大，且指数上涨超过一定的幅度，那才意味着大盘确实走出了颓势。在进行操作时，投资者一定要擦亮眼睛，明辨虚假的反弹和反转，以免踏入市场的陷阱中。

一般来说，市场在真正确认上扬之前，会反复确认底部，大盘会在底部反复动荡，这时，投资者如果发现大盘运行的低位重心正随着时间缓慢上移，就可以果断出手，因为这说明大盘底部比较扎实，确实是见底了。

欧奈尔也是一个平凡的传奇，他再次向我们证明了投资市场中的无限可能。既然欧奈尔可以把自己的身家从500美元拉到20万美元，再无限放大，相信我们每个投资者也能通过当机立断的投资实现自己的梦想。

美国石油大亨哈默顺势而为，获利颇丰
——寻找危机中的商机

谁是20世纪最神奇的富豪？对于这个问题，投资者一定会提供各种各样的答案，但恐怕只有投资市场中的第一批淘金者可以回答正确——他就是美国石油大亨亚蒙·哈默。

哈默为什么比比尔·盖茨、巴菲特等人更加神奇？首先他是个杰出的商人。哈默曾先后从事过医药业、铅笔制造业、酒业和牛牧业，全部都获得了惊人的成功，其后，他又购买了西方石油公司，在西方世界建立了一个新的石油王国。每一次征战商场，他都是迎难而上，把不可能变成可能。哈默是一位公认的经营奇才。

不仅如此，他更是一个政治外交型的企业家。不同于巴鲁克那样为总统当顾问的投资家，哈默是一个不断为世界和平努力的伟人。无论是生活中还是工作中，哈默都展现了一种常人难以企及的激情，以及在危机中寻找商机的魄力，就是这样的魄力，让哈默一次又一次地走向成功。

1956年，哈默准备隐退了。他在商战征战，积累了他自己都数不清的财富。于是他决定举家迁到加利福尼亚州去，好好运用自己多年的酬劳，安享晚年。

在这个时候，他的一个远亲敲响了他书房的门。这位远亲是洛杉矶的一位知名会计师，他建议哈默收购加利福尼亚一家濒临破产的公司——西方石油公司。那时，西方石油公司的实际资产只有三四万美元，雇员总共只有三个，剩下的就是几口快报废的油井，公司的股价更是低得可怜，每股只卖18美分。这位远亲对哈默说："美国政府对石油业有倾斜政策，没出油的油井资金是不用报税的，尝试着打一口，如果能出油就会大赚一笔。"

彼时的哈默一心想要退休，他无意收购这家公司，却慷慨地表示可以借给西方石油公司5万美元，让他们再打两口井。如果出油，那么双方就各取50%的利润，如果不出油，哈默就当自己亏了一笔，从自己的应缴税款中扣除。

结果是令人惊喜的，两口油井都出了油，西方石油公司的股票一下子涨到了每股1美元，哈默敏锐地看到了商机，抖擞精神开始涉足石油业，在1957年他59岁时，当选西方石油公司的董事长和总经理。

哈默购买西方石油公司时，他的周围危机四伏。从他自身来说，年近60岁的哈默并不适合继续征战商场；从公司内部来看，股东们的态度都十分消极；从外部环境而言，当时世界上大部分富饶的大油田都已经是西方七大石油公司的天下，七个石油公司合称"七姊妹"，一点都没有接纳哈默的打算。

可是哈默并不在意，他紧紧抓住危机中的机会，招兵买马，聘请最优秀的钻井工程师和地质学家，于1961年成功地在加利福尼亚钻探到两个巨大的天然气田，公司的股价因此一跃上升到15美元每股。可哈默没有就此止步，他把更大的目标定在了利比亚，在别的公司认为不可能出油的两块租地上，找到了石油大矿脉，开出两个盛产高级原油的新油田，成功构建了自己的石油帝国。

商场和投资市场总是波云诡谲的，并非只有哈默这样资金充足、经验丰富的人才能打散笼罩在商机上方的危机。只要有决心、有魄力、方法正确，每个投资者都能做得到。

日本的泡泡糖市场曾经长期被劳特公司所垄断，看起来其他公司都不可能打入日本市场。而在1991年，一间很小的江崎糖业公司却一下夺走了劳特公司三分之一的市场，这个消息在日本的经济市场中造成了轰动。

为了与劳特公司竞争，江崎糖业首先成立了研究劳特公司的团队，队员由智囊人员、科技人员和供销人员共同组成，他们广泛搜集有关资料，认真研究劳特公司泡泡糖的优点与缺点。经过周密的调查分析，他们找出了劳特泡泡糖的诸多缺点：第一，销售对象主要是儿童，忽略了成年人市场；第二，只有果味型；第三，形状基本上都是单调的条状；第四，价格是每块110日元，顾客购买时要找零钱，非常不方便。

找出了对手这些劣势之后，江崎糖业立刻着手研发了自己的泡泡糖新产品，满足成年人的需求。在泡泡糖的形状上，江崎糖业也做了一系列调整。同时，为了方便食用，这些泡泡糖还用上了新包装，在价格上，为了方便顾客，江崎糖业只销售定价为50元和100元的两种。

通过一系列措施和强大的广告宣传，1991年，江崎糖业公司在泡泡糖市场上的占有率一下子由0上升到25%，创造了150亿日元的销售额纪录。

投资市场中，收益始终伴随风险出现，危机中也总是会藏有机会。投资者必须要学会在危机中寻找商机，才能真正成为市场的赢家。不做出头鸟的投资者，永远不可能一鸣惊人。哈默到了60岁还能聊发少年狂，顺势而为地造就第二次辉煌，相信年轻力壮的我们也一定可以凭借过人的眼光和魄力，在投资市场中开辟自己的一片天地。